Einstern

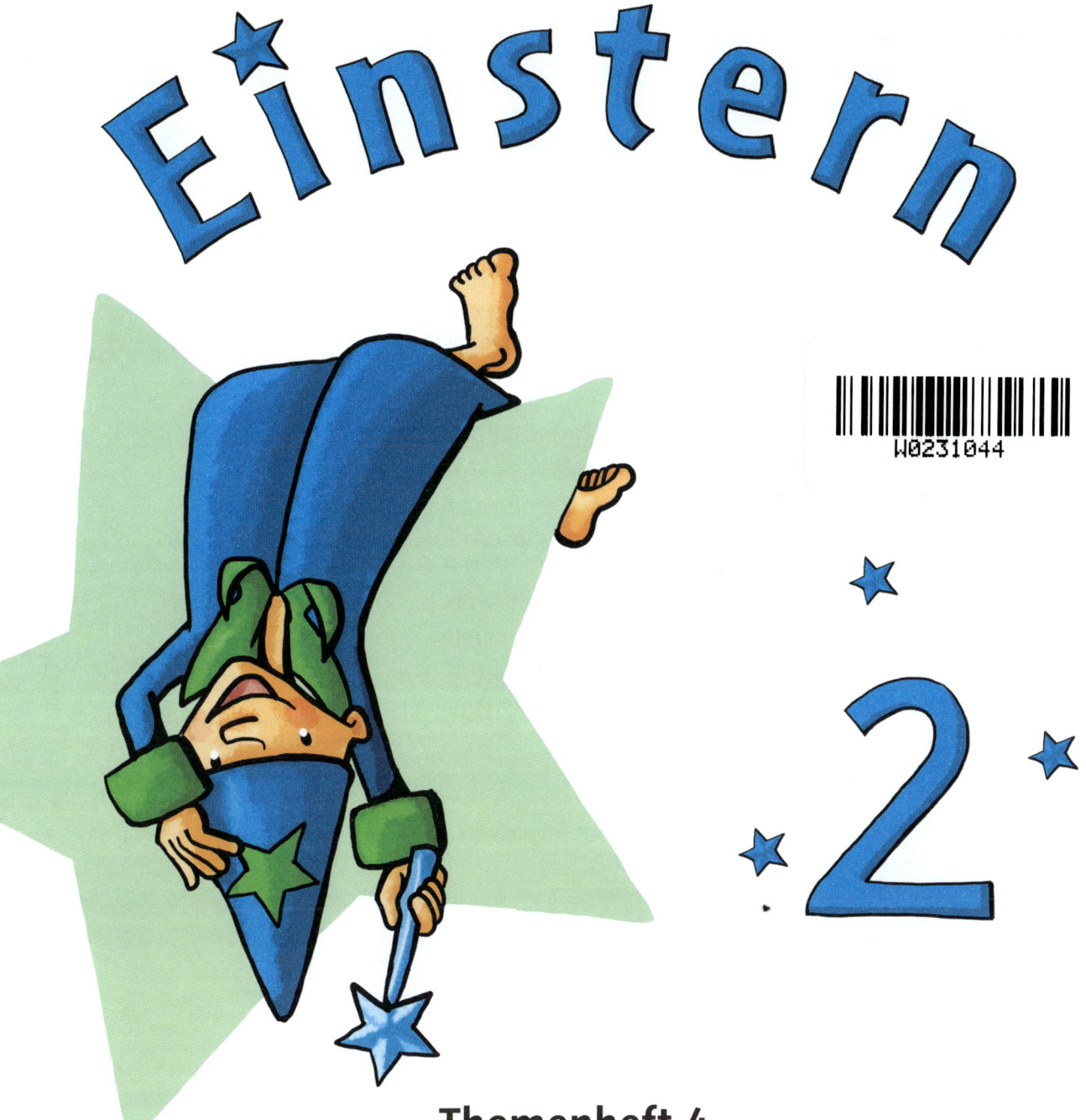

2

Themenheft 4

⭐ Addition und Subtraktion ⭐ Längen
⭐ Sachaufgaben Teil 4 ⭐ Geld
⭐ Kombinatorik und Wahrscheinlichkeit

Erarbeitet von Roland Bauer und Jutta Maurach

In Zusammenarbeit mit der Redaktion Mathematik Grundschule

Cornelsen

W0231044

Inhaltsverzeichnis

1 Suche dir ein anderes Kind.

Legt Plusaufgaben mit Zehnerzahlen und zeichnet Rechenbilder.

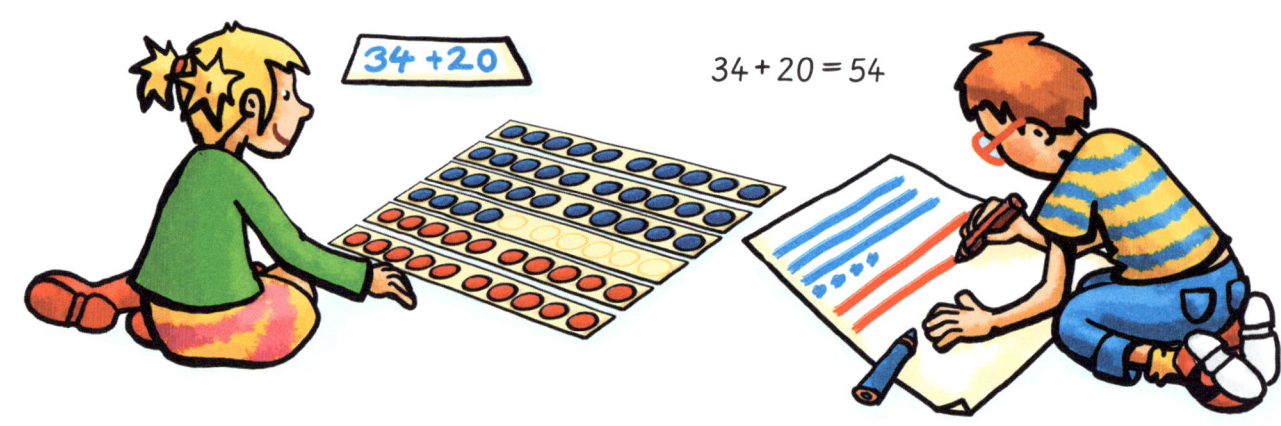

34 + 20

34 + 20 = 54

2 Löst die Aufgaben.

27 + 30 = ■

38 + 40 = ■

52 + 20 = ■

45 + 50 = ■

35 + 30 = ■

Das ist ja ganz einfach.

20 + 30 = 50

27 + 30 = 57

3 Ergänze die passenden Zahlen.

a) 32 + ■ = 52

49 + ■ = 89

24 + ■ = 54

58 + ■ = 78

b) ■ + 42 = 92

■ + 31 = 71

■ + 54 = 84

■ + 25 = 55

Seite 4 Aufgabe 3

a)   3 2 + 2 0 = 5 2   b)   ...

⋮

4 Ergänze passende Zehnerzahlen.

Finde jeweils zwei verschiedene Möglichkeiten.

a)   41 + ■ + ■ + ■ = 91

b)   33 + ■ + ■ + ■ = 83

c)   24 + ■ + ■ + ■ + ■ = 84

d)   15 + ■ + ■ + ■ + ■ = 95

Seite 4 Aufgabe 4

a)   4 1 + 1 0 + 1 0 + 3 0 = 9 1

4 1 + ...

b)   ...

★ Plusaufgaben mit Zehnerzahlen handelnd und mithilfe von Rechenbildern lösen
★ Plusaufgaben mit Zehnerzahlen lösen
★ Zehnerzahlen in Plusaufgaben ergänzen

1   Suche dir ein anderes Kind. Legt die Plusaufgaben wie Lea und Tim.

| 25 + 32 | 43 + 36 | 51 + 18 | 24 + 63 | 32 + 55 |

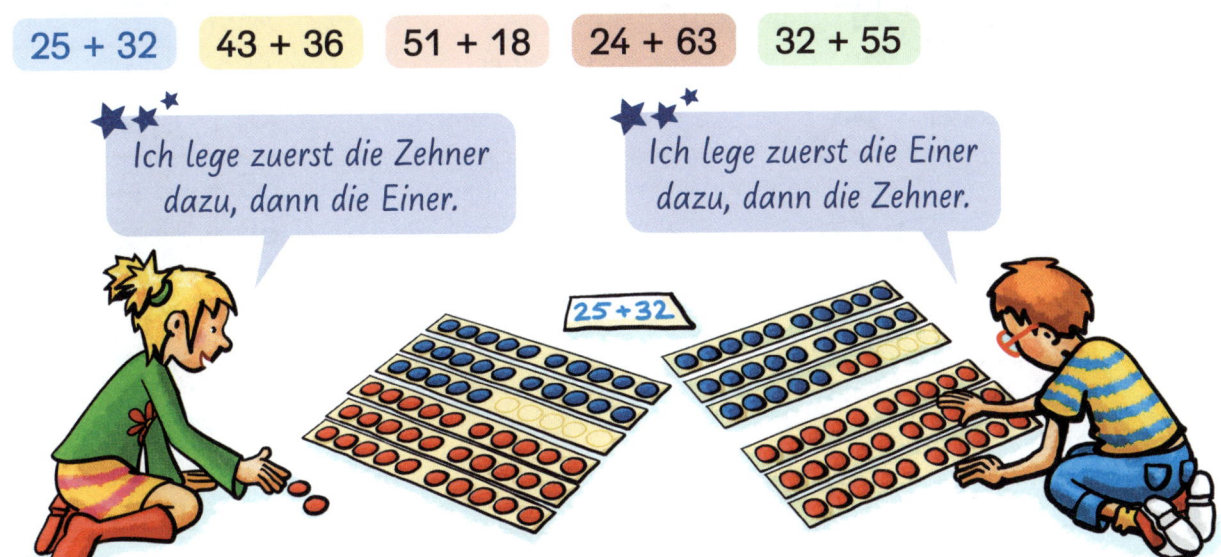

Ich lege zuerst die Zehner dazu, dann die Einer.

Ich lege zuerst die Einer dazu, dann die Zehner.

25 + 32

2   Rechne wie Lea. Schreibe die Rechenschritte auf.

a)

b)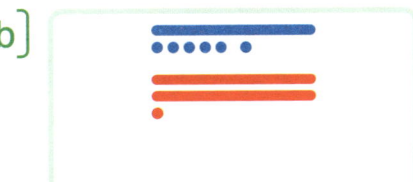

c)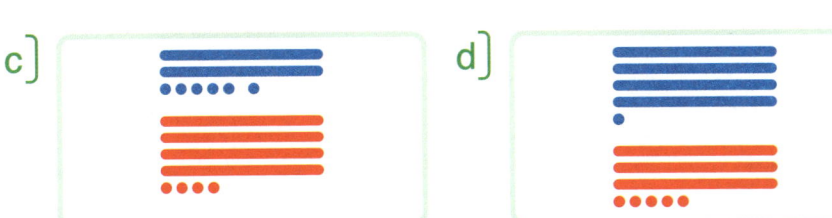

d)

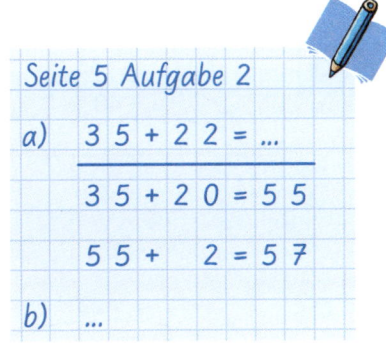

Seite 5 Aufgabe 2

a)   3 5 + 2 2 = ...

    3 5 + 2 0 = 5 5

    5 5 +   2 = 5 7

b)   ...

3   Rechne wie Tim. Schreibe die Rechenschritte auf.

a)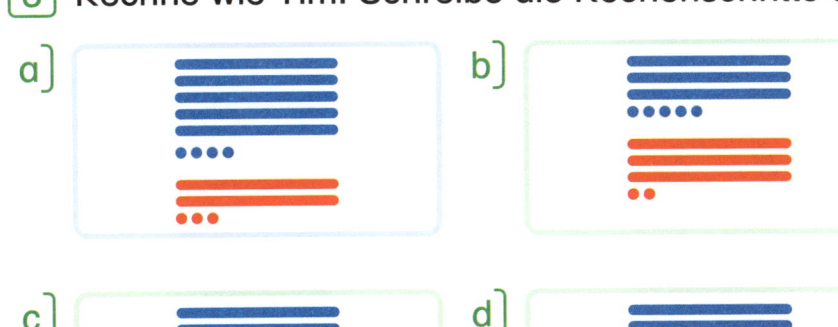

b)

c)

d)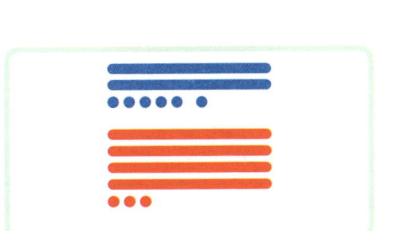

Seite 5 Aufgabe 3

a)   5 4 + 2 3 = ...

    5 4 +   3 = 5 7

    5 7 + 2 0 = 7 7

b)   ...

★ beim handelnden Lösen von Plusaufgaben mit zweistelligen Zahlen unterschiedliche
Vorgehensweisen erproben ★ bei bildlich dargestellten Plusaufgaben mit zweistelligen
Zahlen zwei unterschiedliche Rechenschritte anwenden und notieren

B   5

1 Plusaufgaben in zwei Schritten lösen

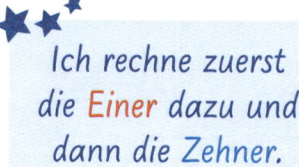

Ich rechne zuerst die Zehner dazu und dann die Einer.

Ich rechne zuerst die Einer dazu und dann die Zehner.

$65 + 23 = 88$

$65 + 20 = 85$

$85 + \ \ 3 = 88$

$65 + 23 = 88$

$65 + \ \ 3 = 68$

$68 + 20 = 88$

1 Rechne wie Lea.

Lies die Aufgabe und die Rechenschritte am Rechenstrich ab.

a]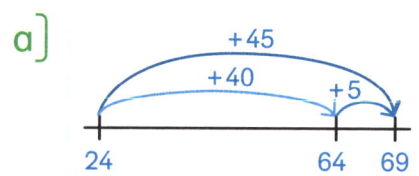

b]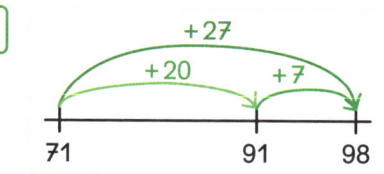

c]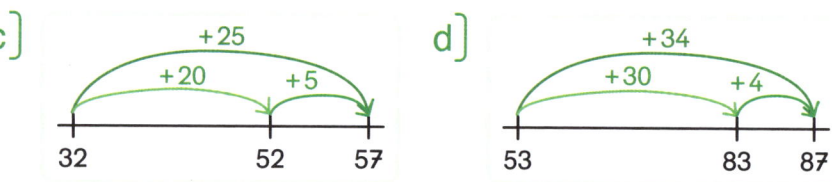

Seite 6 Aufgabe 1

a) $2\ 4 + 4\ 5 = ...$

$2\ 4 + 4\ 0 = 6\ 4$

$6\ 4 + \ \ \ 5 = 6\ 9$

b) ...

2 Rechne wie Tim.

Lies die Aufgabe und die Rechenschritte am Rechenstrich ab.

a]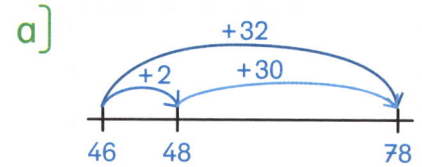

b]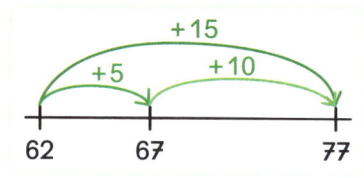

c]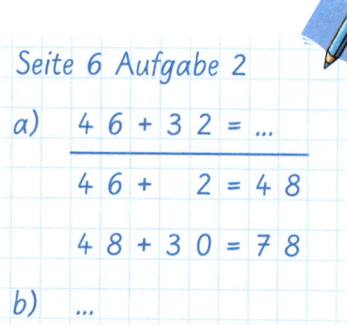

d]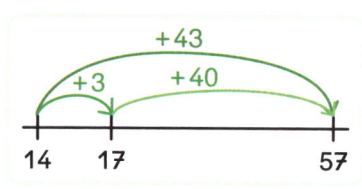

Seite 6 Aufgabe 2

a) $4\ 6 + 3\ 2 = ...$

$4\ 6 + \ \ \ 2 = 4\ 8$

$4\ 8 + 3\ 0 = 7\ 8$

b) ...

★ Rechenschritte bei Plusaufgaben mit zweistelligen Zahlen
am Rechenstrich ablesen und notieren

 3 Löse die Aufgabe 42 + 21 auf deinem Weg.
Vergleiche mit anderen Kindern.

Seite 7 Aufgabe 3
...

4 Löse die Aufgaben.
Stelle deine Rechenschritte am Rechenstrich dar.

a) 53 + 36 = ▣   b) 61 + 24 = ▢

c) 33 + 42 = ▢   d) 26 + 51 = ▢

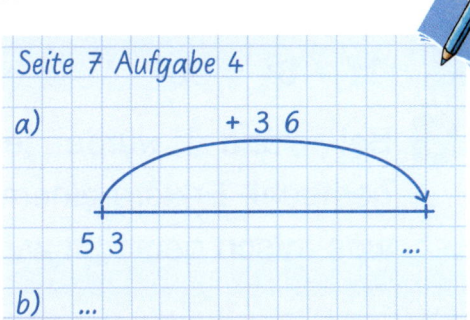

Seite 7 Aufgabe 4
a)   + 3 6
          5 3   ...
b)   ...

5 Löse die Aufgaben.
Schreibe deine Rechenschritte auf.

a) 43 + 55 = ▣
▣ + ▣ = ▣
▣ + ▣ = ▣

b) 57 + 32 = ▢
▢ + ▢ = ▢
▢ + ▢ = ▢

c) 25 + 73 = ▢
▢ + ▢ = ▢
▢ + ▢ = ▢

d) 31 + 28 = ▢
▢ + ▢ = ▢
▢ + ▢ = ▢

e) 14 + 35 = ▢
▢ + ▢ = ▢
▢ + ▢ = ▢

f) 45 + 25 = ▢
▢ + ▢ = ▢
▢ + ▢ = ▢

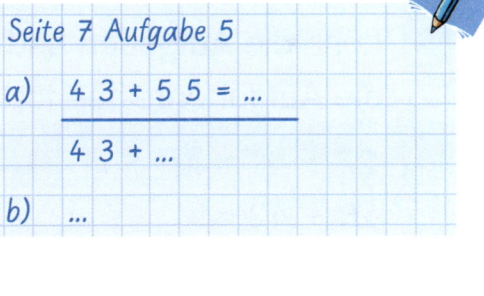

Seite 7 Aufgabe 5
a)   4 3 + 5 5 = ...
         4 3 + ...
b)   ...

6 Löse die Aufgaben.
Rechne mit deinen Rechenschritten im Kopf.
Kontrolliere die Ergebnisse.
Die Lösungszahlen findest du in den Sternen.

a) 61 + 28 = ▣
34 + 35 = ▢
56 + 41 = ▢
62 + 16 = ▢

b) 42 + 23 = ▢
71 + 17 = ▢
25 + 52 = ▢
56 + 31 = ▢

Seite 7 Aufgabe 6
a)   6 1 + 2 8 = 8 9   b)   ...
              ⋮

65 69 77 78 87 88 89 97

∗ **SF:** Rechenschritte beschreiben und vergleichen
∗ Plusaufgaben lösen, die gewählten Rechenschritte am Rechenstrich darstellen bzw. notieren
∗ Plusaufgaben in zwei Schritten im Kopf lösen und kontrollieren

ÜH 46, 47   AH 51   **7**

1 Kontrolliere die Aufgaben.
Verbessere die Fehler.
Tipp: In jedem Päckchen sind zwei Aufgaben falsch.

a) 54 + 23 = 7̶7̶
13 + 45 = 59
7̶3 + 16 = 89
31 + 64 = 96

b) 41 + 25 = 66
26 + 32 = 58
53 + 14 = 7̶6
63 + 23 = 68

Seite 8 Aufgabe 1
a) 1 3 + 4 5 = 5 8
⋮
b) ...

c) Bei a) und b) wurden jeweils gleiche Fehler
gemacht. Erkläre einem anderen Kind,
was falsch gemacht wurde.

2 Löse die Aufgaben und setze
die Aufgabenreihen fort.

a) 27 + 41 = ▣
26 + 42 = ▢
25 + 43 = ▢
▢ + ▢ = ▢
▢ + ▢ = ▢

b) 55 + 31 = ▢
54 + 32 = ▢
53 + 33 = ▢
▢ + ▢ = ▢
▢ + ▢ = ▢

Ich sehe
ein Muster.

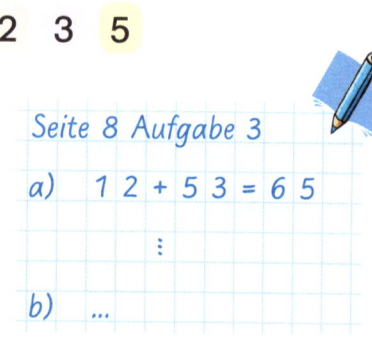

Seite 8 Aufgabe 2
a) 2 7 + 4 1 = ...
⋮
b) ...

c) Beschreibe, wie sich die Zahlen
bei a) und b) verändern. Ergänze dazu
die angefangenen Sätze in deinem Heft.

Die erste Zahl …   Die zweite Zahl …   Das Ergebnis …

3 Bilde mit diesen Ziffernkärtchen Plusaufgaben.   1 2 3 5
Besprich dein Vorgehen mit einem anderen Kind.

a) Bilde vier beliebige Plusaufgaben.

b) Bilde zwei Plusaufgaben mit der Ergebniszahl 38.

c) Bilde zwei Plusaufgaben mit der Ergebniszahl 47.

Seite 8 Aufgabe 3
a) 1 2 + 5 3 = 6 5
⋮
b) ...

★ MK: Fehler finden und kategorisieren, SF: Fehler beschreiben ★ MK: Aufgabenreihen lösen
und fortsetzen, SF: Muster beschreiben ★ aus vorgegebenen Ziffernkärtchen nach
angegebenen Kriterien selbst Aufgaben bilden, SF: Vorgehen beschreiben

1 Löse die Aufgaben.

a) 8 + 5 = ☐
5 + 6 = ☐
6 + 4 = ☐
7 + 8 = ☐
6 + 6 = ☐

b) 7 + 6 = ☐
9 + 5 = ☐
4 + 7 = ☐
8 + 4 = ☐
9 + 9 = ☐

Das kannst du schon.

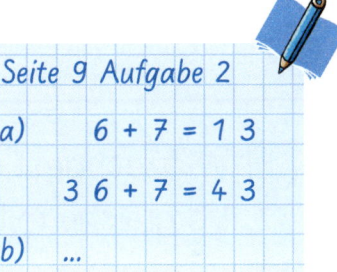

Seite 9 Aufgabe 1

a) 8 + 5 = 1 3
     ⋮
b) ...

2 Finde und löse zuerst die kleine Aufgabe.

a) 36 + 7 = ☐

b) 45 + 8 = ☐

c) 87 + 5 = ☐

d) 86 + 6 = ☐

e) 74 + 7 = ☐

f) 45 + 6 = ☐

Seite 9 Aufgabe 2

a)   6 + 7 = 1 3
      3 6 + 7 = 4 3
b)   ...

3 Rechne die Aufgaben in Schritten.
Rechne zuerst zum Zehner.

a) 67 + 8 = ☐
‾‾‾‾‾‾‾‾‾
☐ + ☐ = ☐
☐ + ☐ = ☐

b) 38 + 4 = ☐
‾‾‾‾‾‾‾‾‾
☐ + ☐ = ☐
☐ + ☐ = ☐

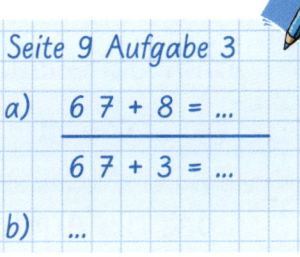

Seite 9 Aufgabe 3

a) 6 7 + 8 = ...
   ‾‾‾‾‾‾‾‾‾‾‾
    6 7 + 3 = ...
b)   ...

4 Löse die Aufgaben.
Rechne mit deinen Rechenschritten im Kopf.
Kontrolliere die Ergebnisse.
Die Lösungszahlen findest du in den Sternen.

a) 47 + 7 = ☐
29 + 4 = ☐
65 + 8 = ☐
34 + 7 = ☐

b) 78 + 7 = ☐
55 + 6 = ☐
36 + 9 = ☐
68 + 6 = ☐

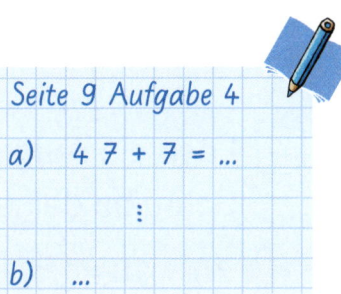

Seite 9 Aufgabe 4

a) 4 7 + 7 = ...
     ⋮
b) ...

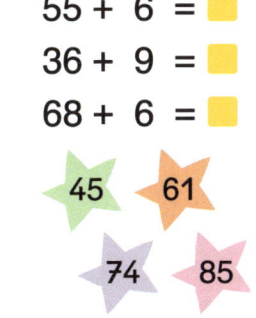

33 41
54 73

45 61
74 85

★ Plusaufgaben mit Zehnerüberschreitung im Zahlenraum bis 20 wiederholen
★ Plusaufgaben mit Einern und Zehnerüberschreitung im Zahlenraum bis 100 wiederholen

9

$$24 + 37 = \blacksquare$$

Ich rechne zuerst die Zehner dazu und dann die Einer.

Ich rechne zuerst die Einer dazu und dann die Zehner.

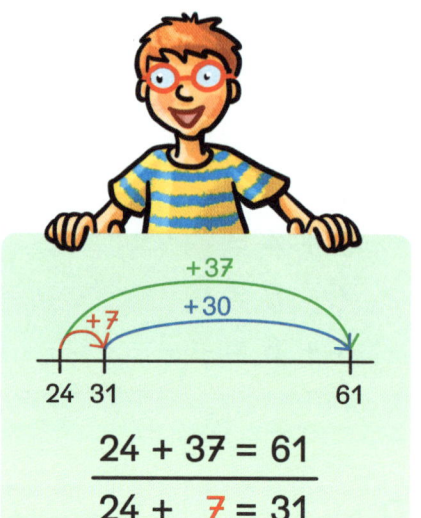

$$24 + 37 = 61$$
$$24 + 30 = 54$$
$$54 + \ 7 = 61$$

$$24 + 37 = 61$$
$$24 + \ 7 = 31$$
$$31 + 30 = 61$$

1 Wie rechnest du die Aufgabe 24 + 37?
Vergleiche mit anderen Kindern.

2 Löse die Aufgaben.
Stelle deine Rechenschritte
am Rechenstrich dar.

a) $65 + 27 = \blacksquare$ b) $38 + 43 = \blacksquare$

Seite 10 Aufgabe 2
a)   b) ...

6 5   ...

3 Löse die Aufgaben.
Schreibe deine Rechenschritte auf.

a) $56 + 18 = \blacksquare$
$\blacksquare + \blacksquare = \blacksquare$
$\blacksquare + \blacksquare = \blacksquare$

b) $47 + 36 = \blacksquare$
$\blacksquare + \blacksquare = \blacksquare$
$\blacksquare + \blacksquare = \blacksquare$

c) $28 + 45 = \blacksquare$
$\blacksquare + \blacksquare = \blacksquare$
$\blacksquare + \blacksquare = \blacksquare$

d) $37 + 55 = \blacksquare$
$\blacksquare + \blacksquare = \blacksquare$
$\blacksquare + \blacksquare = \blacksquare$

Seite 10 Aufgabe 3
a)   5 6 + 1 8 = ...   b)   ...
⋮

4 Löse die Aufgaben im Heft.
Schreibe deine Rechenschritte auf oder stelle sie am Rechenstrich dar.

a) $76 + 18 = \blacksquare$
$47 + 25 = \blacksquare$
$39 + 52 = \blacksquare$
$53 + 19 = \blacksquare$

b) $36 + 48 = \blacksquare$
$69 + 27 = \blacksquare$
$24 + 38 = \blacksquare$
$55 + 16 = \blacksquare$

Seite 10 Aufgabe 4
a)   ...

★ **SF:** dargestellte Rechenschritte bei Plusaufgaben mit zweistelligen Zahlen und Zehnerüberschreitung nachvollziehen, beschreiben und vergleichen ★ den eigenen Rechenweg
beim Lösen von Aufgaben anwenden, am Rechenstrich zeichnen bzw. notieren

$$46 + 29 = \square$$

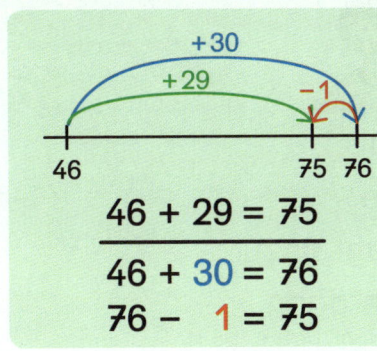

46 + 29 = 75
_____
46 + 30 = 76
76 − 1 = 75

Ich rechne zuerst
46 + 30 = 76 und ziehe
dann wieder 1 ab.

1 Löse die Aufgaben wie Mai-Lin.

a) Stelle die Rechenschritte
am Rechenstrich dar.

16 + 29 = ◼   44 + 39 = ◻

65 + 19 = ◻   38 + 29 = ◻

b) Schreibe die Rechenschritte auf.

47 + 39 = ◼
◼ ● ◻ = ◼
◼ ● ◻ = ◼

24 + 29 = ◻
◻ ● ◻ = ◻
◻ ● ◻ = ◻

73 + 19 = ◻
◻ ● ◻ = ◻
◻ ● ◻ = ◻

55 + 39 = ◻
◻ ● ◻ = ◻
◻ ● ◻ = ◻

Seite 11 Aufgabe 1

a)
+30
+29
−1
1 6   4 5   4 6
⋮

b)   4 7 + 3 9 = …   …
_____
4 7 + 4 0 = 8 7

8 7 − 1 = …

2 Löse nur die Aufgaben, die du mit dem Weg
von Mai-Lin rechnen kannst.

a) 27 + 45 = ◼   **b)** 57 + 28 = ◻

35 + 29 = ◼   36 + 45 = ◻

18 + 36 = ◻   68 + 19 = ◻

46 + 39 = ◻   29 + 39 = ◻

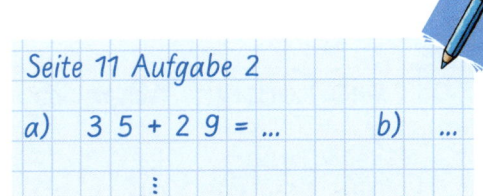

Seite 11 Aufgabe 2

a)   3 5 + 2 9 = …   **b)**   …

⋮

✱ vorteilhafte Rechenschritte bei Plusaufgaben mit Zahlen mit 9 Einern
nachvollziehen und anwenden, am Rechenstrich einzeichnen und notieren
✱ Aufgaben mit Möglichkeiten zum vorteilhaften Rechnen erkennen und lösen

ÜH 48   **11**

1 Ordne passend zu. Löse dann die Aufgaben.

Tim

Ich rechne zuerst die Einer dazu und dann die Zehner.

Lea

Ich rechne zuerst die Zehner dazu und dann die Einer.

Mai-Lin

Ich rechne zuerst die Zehnerzahl dazu und ziehe dann wieder 1 ab.

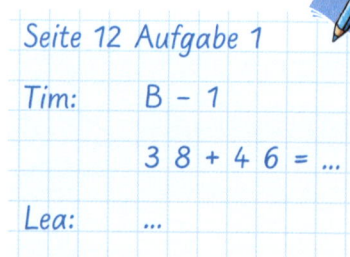

Seite 12 Aufgabe 1

Tim: B – 1

         38 + 46 = ...

Lea: ...

Mai-Lin: ...

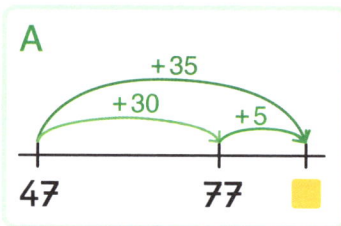

A
+ 35
+ 30   + 5
47   77

1

$38 + 46 = \blacksquare$
$38 + 6 = 44$
$44 + 40 = \blacksquare$

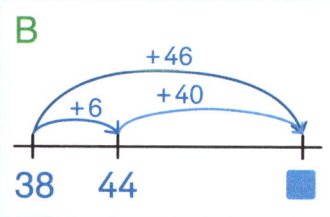

B
+ 46
+ 6   + 40
38   44 $\blacksquare$

2

$36 + 29 = \blacksquare$
$36 + 30 = 66$
$66 - 1 = \blacksquare$

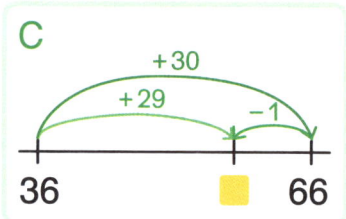

C
+ 30
+ 29   – 1
36   $\blacksquare$ 66

3

$47 + 35 = \blacksquare$
$47 + 30 = 77$
$77 + 5 = \blacksquare$

2 Löse die Aufgaben wie Tim, Lea oder Mai-Lin. Zeichne und schreibe den Rechenweg auf.

a) wie Tim: $23 + 68 = \blacksquare$

b) wie Lea: $48 + 25 = \blacksquare$

c) wie Mai-Lin: $25 + 39 = \blacksquare$

Wie rechnest du am liebsten?

Seite 12 Aufgabe 2

a)   ...

★ beschriebene Rechenschritte den Darstellungen am Rechenstrich und der halbschriftlichen Notationsform zuordnen
★ vorgegebene Rechenschritte beim Lösen von Aufgaben anwenden und darstellen

1 Löse die Aufgaben in deinem Heft.
Stelle deine Rechenschritte
am Rechenstrich dar oder schreibe sie auf.

Wie rechnest du?

a] 68 + 26 = ☐
25 + 37 = ☐
74 + 17 = ☐
49 + 19 = ☐

b] 69 + 18 = ☐
24 + 69 = ☐
29 + 37 = ☐
26 + 58 = ☐

c] 58 + 15 = ☐
65 + 28 = ☐
29 + 13 = ☐
57 + 28 = ☐

Seite 13 Aufgabe 1
a) ...

2 Löse die Aufgaben.
Rechne mit deinen Rechenschritten im Kopf.
Die Lösungszahlen findest du in den Sternen.

a] 33 + 58 = ■
24 + 47 = ☐
25 + 36 = ☐
46 + 26 = ☐

b] 26 + 49 = ☐
38 + 24 = ☐
46 + 47 = ☐
58 + 39 = ☐

c] 63 + 19 = ☐
29 + 34 = ☐
17 + 47 = ☐
57 + 26 = ☐

Seite 13 Aufgabe 2
a) 9 1   *b)* ...

61 62 63 64 71 72

75 82 83 91 93 97

3 Kontrolliere die Aufgaben.
Verbessere die Fehler.
Tipp: In jedem Päckchen sind zwei Aufgaben falsch.

a] 44 + 18 = 62
47 + 45 = 29
27 + 55 = 82
36 + 45 = 18

b] 38 + 23 = 61
36 + 48 = 74
49 + 32 = 81
28 + 34 = 52

c] 35 + 28 = 63
52 + 19 = 71
47 + 34 = 82
13 + 49 = 63

Seite 13 Aufgabe 3
a) 4 7 + 4 5 = 9 2
b) ...

4 Du findest in den Aufgaben 3 a, 3 b und 3 c
jeweils gleiche Fehler.
Schreibe auf, was falsch gemacht wurde.

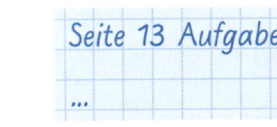

Seite 13 Aufgabe 4
...

★ Aufgaben mit dem eigenen Rechenweg lösen, Rechenschritte
am Rechenstrich darstellen oder notieren, Aufgaben im Kopf lösen
★ MK/SF: Fehler in Aufgaben finden und kategorisieren

1 Suche dir ein anderes Kind.

Legt Minusaufgaben mit Zehnerzahlen und zeichnet Rechenbilder.

$53 - 20 = 33$

$53 - 20$

2 Löst die Aufgaben.

$63 - 20 = $

$87 - 40 = $

$95 - 30 = $

$72 - 50 = $

$84 - 60 = $

Das ist ja ganz einfach.

$60 - 20 = 40$

$63 - 20 = 43$

3 Ergänze die passenden Zahlen.

a) $95 - \blacksquare = 45$

$87 - \blacksquare = 37$

$63 - \blacksquare = 43$

$72 - \blacksquare = 12$

b) $\blacksquare - 20 = 27$

$\blacksquare - 40 = 31$

$\blacksquare - 30 = 52$

$\blacksquare - 60 = 18$

Seite 14 Aufgabe 3

a) $9\ 5 - 5\ 0 = 4\ 5$ b) ...

4 Ergänze passende Zehnerzahlen.

Finde jeweils zwei verschiedene Möglichkeiten.

a) $93 - \blacksquare - \blacksquare - \blacksquare = 23$

b) $81 - \blacksquare - \blacksquare - \blacksquare = 31$

c) $89 - \blacksquare - \blacksquare - \blacksquare - \blacksquare = 19$

d) $68 - \blacksquare - \blacksquare - \blacksquare - \blacksquare = 8$

Seite 14 Aufgabe 4

a) $9\ 3 - 5\ 0 - 1\ 0 - 1\ 0 = 2\ 3$

$9\ 3 - ...$

b) ...

 B   ÜH 50

★ Minusaufgaben mit Zehnerzahlen handelnd und mithilfe von Rechenbildern lösen
★ Minusaufgaben mit Zehnerzahlen lösen
★ Zehnerzahlen in Minusaufgaben ergänzen

1 Suche dir ein anderes Kind. Legt die Minusaufgaben wie Lea und Tim.

45 – 32   58 – 35   76 – 14   64 – 21   39 – 17

Ich nehme zuerst die Zehner weg, dann die Einer.

Ich nehme zuerst die Einer weg, dann die Zehner.

45 - 32

2 Rechne wie Lea. Schreibe die Rechenschritte auf.

a)

b)

Seite 15 Aufgabe 2

a)   4 7 – 2 3 = …
     _____
     4 7 – 2 0 = 2 7

     2 7 –   3 = 2 4

b)   …

c)

d)

3 Rechne wie Tim. Schreibe die Rechenschritte auf.

a)

b)

Seite 15 Aufgabe 3

a)   7 7 – 4 5 = …
     _____
     7 7 –   5 = 7 2

     7 2 – 4 0 = 3 2

b)   …

c)

d)

★ beim handelnden Lösen von Minusaufgaben mit zweistelligen Zahlen unterschiedliche Vorgehensweisen erproben ★ bei bildlich dargestellten Minusaufgaben mit zweistelligen Zahlen zwei unterschiedliche Rechenschritte anwenden und notieren

2 Minusaufgaben in zwei Schritten lösen

$73 - 31 = \square$

Ich nehme zuerst die **Einer** weg und dann die **Zehner**.

$73 - 31 = 42$
$73 - 30 = 43$
$43 - 1 = 42$

Ich nehme zuerst die **Zehner** weg und dann die **Einer**.

$73 - 31 = 42$
$73 - 1 = 72$
$72 - 30 = 42$

---

1 Rechne wie Lea.

Lies die Aufgabe und die Rechenschritte am Rechenstrich ab.

a)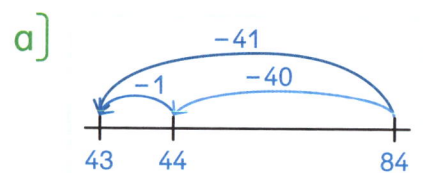

b)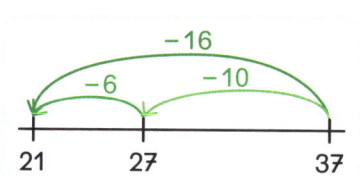

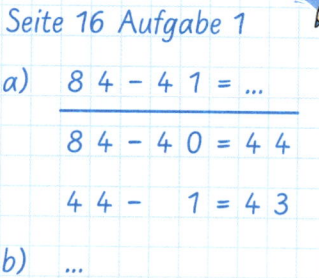

Seite 16 Aufgabe 1

a) $8\ 4 - 4\ 1 = \ldots$
$8\ 4 - 4\ 0 = 4\ 4$
$4\ 4 - \ \ \ 1 = 4\ 3$

b) …

c)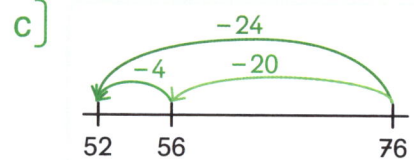

d)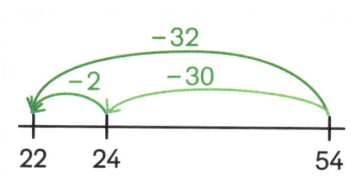

---

2 Rechne wie Tim.

Lies die Aufgabe und die Rechenschritte am Rechenstrich ab.

a)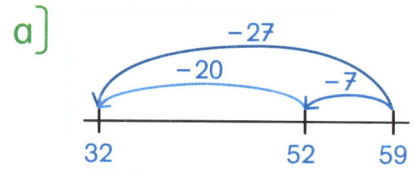

b)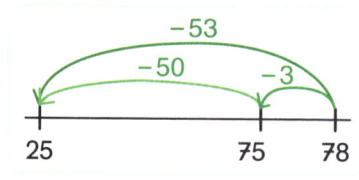

Seite 16 Aufgabe 2

a) $5\ 9 - 2\ 7 = \ldots$
$5\ 9 - \ \ \ 7 = 5\ 2$
$5\ 2 - 2\ 0 = 3\ 2$

b) …

c)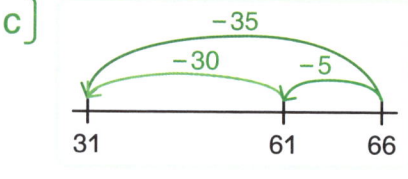

d)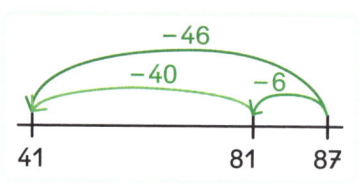

★ Rechenschritte bei Minusaufgaben mit zweistelligen Zahlen am Rechenstrich ablesen und notieren

3 Löse die Aufgabe 57 − 34 auf deinem Weg.
Vergleiche mit anderen Kindern.

Seite 17 Aufgabe 3

...

4 Löse die Aufgaben.
Stelle deine Rechenschritte am Rechenstrich dar.

a] 86 − 25 = ⬛

b] 68 − 24 = 🟨

c] 47 − 13 = 🟨

d] 79 − 36 = 🟨

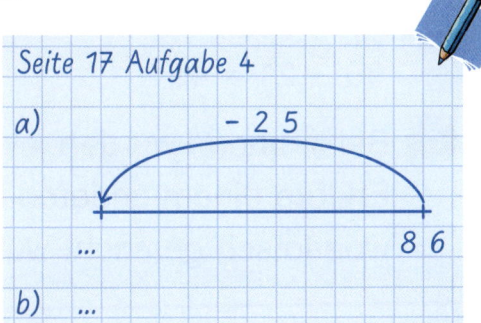

Seite 17 Aufgabe 4

a)

− 2 5

...   8 6

b)   ...

5 Löse die Aufgaben.
Schreibe deine Rechenschritte auf.

a] 95 − 31 = ⬛
⬛ − ⬛ = ⬛
⬛ − ⬛ = ⬛

b] 54 − 22 = 🟨
🟨 − 🟨 = 🟨
🟨 − 🟨 = 🟨

c] 56 − 34 = 🟨
🟨 − 🟨 = 🟨
🟨 − 🟨 = 🟨

d] 65 − 32 = 🟨
🟨 − 🟨 = 🟨
🟨 − 🟨 = 🟨

e] 87 − 24 = 🟨
🟨 − 🟨 = 🟨
🟨 − 🟨 = 🟨

f] 98 − 56 = 🟨
🟨 − 🟨 = 🟨
🟨 − 🟨 = 🟨

Seite 17 Aufgabe 5

a)   9 5 − 3 1 = ...
     _____
     9 5 − ...

b)   ...

6 Löse die Aufgaben.
Rechne mit deinen Rechenschritten im Kopf.
Kontrolliere die Ergebnisse.
Die Lösungszahlen findest du in den Sternen.

a] 75 − 42 = ⬛
38 − 24 = 🟨
56 − 31 = 🟨
94 − 62 = 🟨

b] 48 − 24 = 🟨
69 − 17 = 🟨
97 − 54 = 🟨
56 − 23 = 🟨

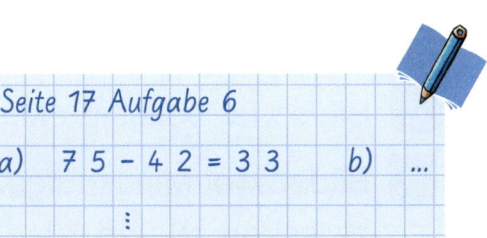

Seite 17 Aufgabe 6

a)   7 5 − 4 2 = 3 3   b)   ...
          ⋮

⭐14 ⭐24 ⭐25 ⭐32 ⭐33 ⭐33 ⭐43 ⭐52

★ SF: Rechenschritte beschreiben und vergleichen ★ Minusaufgaben lösen,
die gewählten Rechenschritte am Rechenstrich darstellen, Rechenschritte notieren
★ Minusaufgaben in zwei Schritten im Kopf lösen und kontrollieren

ÜH 51, 52   AH 53   **17**

1 Kontrolliere die Aufgaben.
Verbessere die Fehler.

Tipp: In jedem Päckchen sind zwei Aufgaben falsch.

a)
78 − 37 = 51
58 − 25 = 33
67 − 34 = 43
66 − 21 = 45

b)
63 − 21 = 42
47 − 33 = 41
95 − 14 = 81
76 − 44 = 23

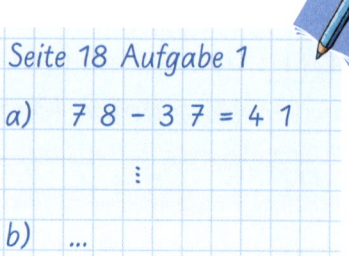

Seite 18 Aufgabe 1

a)   7 8 − 3 7 = 4 1
               ⋮
b)   ...

 c Bei **a** und **b** wurden jeweils gleiche Fehler gemacht.
Erkläre einem anderen Kind,
was falsch gemacht wurde.

2 Löse die Aufgaben und setze
die Aufgabenreihen fort.

a)
58 − 35 = ■
57 − 34 = ■
56 − 33 = ■
■ − ■ = ■
■ − ■ = ■

b)
75 − 24 = ■
74 − 23 = ■
73 − 22 = ■
■ − ■ = ■
■ − ■ = ■

Ich sehe
ein Muster.

Seite 18 Aufgabe 2

a)   5 8 − 3 5 = ...
               ⋮
b)   ...

c Beschreibe, wie sich die Zahlen
bei **a** und **b** verändern. Ergänze dazu
die angefangenen Sätze in deinem Heft.

Die erste Zahl …   Die zweite Zahl …   Das Ergebnis …

3 Bilde mit diesen Ziffernkärtchen Minusaufgaben.   2 4 7 8

a Bilde vier beliebige Minusaufgaben.

b Bilde zwei Minusaufgaben mit einem Ergebnis
zwischen 10 und 30.

c Bilde zwei Minusaufgaben mit einem Ergebnis
zwischen 50 und 70.

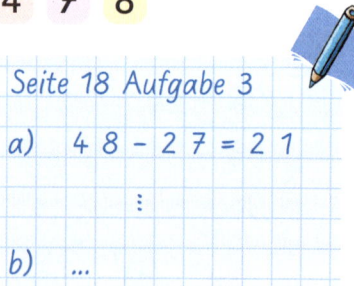

Seite 18 Aufgabe 3

a)   4 8 − 2 7 = 2 1
               ⋮
b)   ...

★ MK: Fehler finden und kategorisieren, SF: Fehler beschreiben ★ MK: Aufgabenreihen
lösen und fortsetzen, SF: Muster beschreiben ★ aus vorgegebenen Ziffernkärtchen nach
angegebenen Kriterien selbst Aufgaben bilden, SF: Vorgehen beschreiben

1 Löse die Aufgaben.

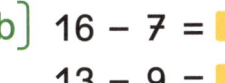
Das kannst du schon.

a) 11 − 8 = ☐
13 − 6 = ☐
15 − 7 = ☐
14 − 8 = ☐
12 − 6 = ☐

b) 16 − 7 = ☐
13 − 9 = ☐
15 − 6 = ☐
13 − 8 = ☐
14 − 7 = ☐

Seite 19 Aufgabe 1
a)   1 1 − 8 = 3
          ⋮
b)   …

2 Finde und löse zuerst die kleine Aufgabe.

a) 63 − 6 = ☐

b) 34 − 7 = ☐

c) 52 − 5 = ☐

d) 76 − 8 = ☐

e) 43 − 7 = ☐

f) 82 − 6 = ☐

Seite 19 Aufgabe 2
a)   1 3 − 6 =   7
     6 3 − 6 = 5 7
b)   …

3 Rechne die Aufgaben in Schritten.
Rechne zuerst zum Zehner.

a) 41 − 4 = ☐
   ──────────
   ☐ − ☐ = ☐
   ☐ − ☐ = ☐

b) 62 − 8 = ☐
   ──────────
   ☐ − ☐ = ☐
   ☐ − ☐ = ☐

Seite 19 Aufgabe 3
a)   4 1 − 4 = …
     ──────────
     4 1 − 1 = …
b)   …

4 Löse die Aufgaben.
Rechne mit deinen Rechenschritten im Kopf.
Kontrolliere die Ergebnisse.
Die Lösungszahlen findest du in den Sternen.

a) 33 − 7 = ☐
84 − 8 = ☐
42 − 6 = ☐
71 − 4 = ☐

b) 34 − 6 = ☐
61 − 7 = ☐
92 − 5 = ☐
46 − 9 = ☐

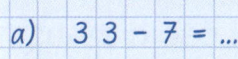
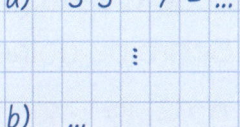

Seite 19 Aufgabe 4
a)   3 3 − 7 = …
          ⋮
b)   …

26   36
67   76

28   37
54   87

★ Minusaufgaben mit Zehnerüberschreitung im Zahlenraum bis 20 wiederholen
★ Minusaufgaben mit Einern und Zehnerüberschreitung im Zahlenraum bis 100 wiederholen

19

$$54 - 26 = \blacksquare$$

Ich ziehe zuerst die Zehner ab und dann die Einer.

Ich ziehe zuerst die Einer ab und dann die Zehner.

$$54 - 26 = 28$$
$$54 - 20 = 34$$
$$34 - \ 6 = 28$$

$$54 - 26 = 28$$
$$54 - \ 6 = 48$$
$$48 - 20 = 28$$

---

1 Wie rechnest du die Aufgabe 54 – 26?
Vergleiche mit anderen Kindern.

2 Löse die Aufgaben.
Stelle deine Rechenschritte
am Rechenstrich dar.

a] $63 - 17 = \blacksquare$ b] $74 - 38 = \blacksquare$

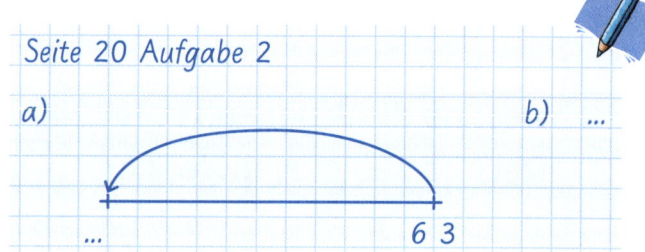

Seite 20 Aufgabe 2
a)   b) ...

... 6 3

3 Löse die Aufgaben.
Schreibe deine Rechenschritte auf.

a] $53 - 28 = \blacksquare$ b] $81 - 46 = \blacksquare$
$\blacksquare - \blacksquare = \blacksquare$ $\blacksquare - \blacksquare = \blacksquare$
$\blacksquare - \blacksquare = \blacksquare$ $\blacksquare - \blacksquare = \blacksquare$

c] $45 - 18 = \blacksquare$ d] $67 - 38 = \blacksquare$
$\blacksquare - \blacksquare = \blacksquare$ $\blacksquare - \blacksquare = \blacksquare$
$\blacksquare - \blacksquare = \blacksquare$ $\blacksquare - \blacksquare = \blacksquare$

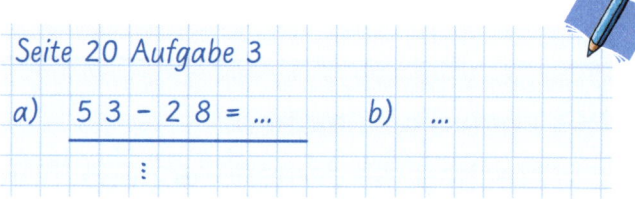

Seite 20 Aufgabe 3
a)   5 3 – 2 8 = ...   b)   ...

4 Löse die Aufgaben im Heft.
Schreibe deine Rechenschritte auf oder stelle sie am Rechenstrich dar.

a] $92 - 47 = \blacksquare$ b] $96 - 58 = \blacksquare$
$45 - 37 = \blacksquare$ $77 - 49 = \blacksquare$
$62 - 49 = \blacksquare$ $32 - 18 = \blacksquare$
$83 - 46 = \blacksquare$ $51 - 25 = \blacksquare$

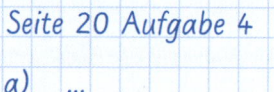

Seite 20 Aufgabe 4
a)   ...

★ SF: dargestellte Rechenschritte bei Minusaufgaben mit zweistelligen Zahlen und Zehnerüberschreitung nachvollziehen, beschreiben und vergleichen ★ den eigenen Rechenweg beim Lösen von Aufgaben anwenden, am Rechenstrich zeichnen bzw. notieren

$$52 - 29 = \square$$

$$52 - 29 = 23$$
$$52 - 30 = 22$$
$$22 + 1 = 23$$

Ich rechne zuerst
52 − 30 = 22, dann rechne
ich wieder 1 dazu.

1 Löse die Aufgaben wie Mai-Lin.

a) Stelle die Rechenschritte
am Rechenstrich dar.

$64 - 39 = \square$ $47 - 29 = \square$

$98 - 59 = \square$ $56 - 19 = \square$

b) Schreibe die Rechenschritte auf.

$43 - 19 = \square$ $65 - 59 = \square$

$\blacksquare \bullet \blacksquare = \blacksquare$ $\square \bullet \square = \square$

$\blacksquare \bullet \blacksquare = \blacksquare$ $\square \bullet \square = \square$

$88 - 29 = \square$ $54 - 39 = \square$

$\square \bullet \square = \square$ $\square \bullet \square = \square$

$\square \bullet \square = \square$ $\square \bullet \square = \square$

Seite 21 Aufgabe 1

a)

$$-40$$
$$-39$$
$$+1$$

2 4   2 5   6 4

⋮

b)   4 3 − 1 9 = …   …

4 3 − 2 0 = 2 3

2 3 +   1 = …

2 Löse nur die Aufgaben, die du mit dem Weg
von Mai-Lin rechnen kannst.

a) $46 - 39 = \blacksquare$ **b)** $93 - 49 = \square$

$64 - 36 = \square$ $72 - 23 = \square$

$73 - 19 = \square$ $61 - 28 = \square$

$82 - 48 = \square$ $67 - 39 = \square$

Seite 21 Aufgabe 2

a)   4 6 − 3 9 = …   *b)*   …

⋮

★ vorteilhafte Rechenschritte bei Minusaufgaben mit Zahlen mit 9 Einern
nachvollziehen und anwenden, am Rechenstrich einzeichnen und notieren
★ Aufgaben mit Möglichkeiten zum vorteilhaften Rechnen erkennen und lösen

ÜH 53   **21**

1 Ordne passend zu. Löse dann die Aufgaben.

Tim

Ich ziehe
zuerst die
Einer ab
und dann
die Zehner.

Lea

Ich ziehe
zuerst die
Zehner ab
und dann
die Einer.

Mai-Lin

Ich ziehe zuerst
die Zehnerzahl
ab und rechne
dann wieder 1
dazu.

Seite 22 Aufgabe 1

Tim: A – 3

                3 5 – 2 7 = ...

Lea: ...

Mai-Lin: ...

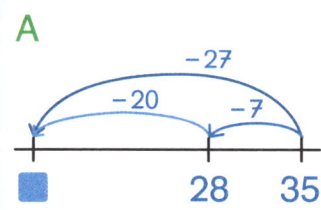

A

28   35

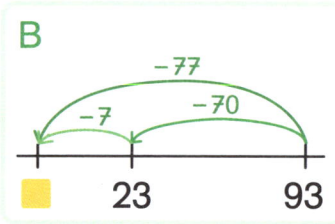

B

23   93

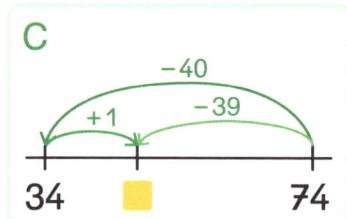

C

34   ⬜   74

1

$74 - 39 = $ ⬜

$74 - 40 = 34$

$34 + 1 = $ ⬜

2

$93 - 77 = $ ⬜

$93 - 70 = 23$

$23 - 7 = $ ⬜

3

$35 - 27 = $ ⬛

$35 - 7 = 28$

$28 - 20 = $ ⬛

2 Löse die Aufgaben wie Tim,
Lea oder Mai-Lin. Zeichne und
schreibe den Rechenweg auf.

a) wie Tim: $54 - 38 = $ ⬜

b) wie Lea: $94 - 36 = $ ⬜

c) wie Mai-Lin: $76 - 39 = $ ⬜

*Wie rechnest du
am liebsten?*

Seite 22 Aufgabe 2

a)   ...

★ beschriebene Rechenschritte den Darstellungen am Rechenstrich und der halbschriftlichen
Notationsform zuordnen
★ vorgegebene Rechenschritte beim Lösen von Aufgaben anwenden und darstellen

1 Löse die Aufgaben in deinem Heft.

Stelle deine Rechenschritte

am Rechenstrich dar oder schreibe sie auf.

Wie rechnest du?

a) 32 – 17 =

53 – 25 =

71 – 36 =

45 – 28 =

b) 72 – 28 =

53 – 17 =

45 – 36 =

94 – 48 =

c) 64 – 35 =

82 – 44 =

93 – 25 =

65 – 29 =

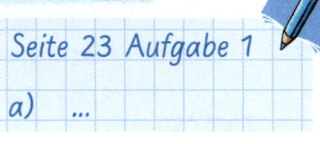

Seite 23 Aufgabe 1

a)   ...

2 Löse die Aufgaben.

Rechne mit deinen Rechenschritten im Kopf.

Die Lösungszahlen findest du in den Sternen.

a) 63 – 37 =

45 – 28 =

72 – 36 =

85 – 47 =

b) 64 – 18 =

83 – 35 =

72 – 29 =

33 – 25 =

c) 43 – 29 =

67 – 48 =

44 – 16 =

76 – 37 =

Seite 23 Aufgabe 2

a)   2 6   b)   ...

⋮

8   14   17   19   26   28

36   38   39   43   46   48

3 Kontrolliere die Aufgaben.

Verbessere die Fehler.

Tipp: In jedem Päckchen sind zwei Aufgaben falsch.

a) 43 – 18 = 25

31 – 17 = 15

66 – 38 = 29

94 – 68 = 26

b) 81 – 25 = 66

73 – 35 = 38

55 – 36 = 29

64 – 36 = 28

c) 35 – 18 = 23

62 – 26 = 36

94 – 47 = 47

53 – 39 = 26

Seite 23 Aufgabe 3

a)   3 1 – 1 7 = 1 4

⋮

b)   ...

4 Du findest in den Aufgaben ③a), ③b) und ③c)

jeweils gleiche Fehler.

Schreibe auf, was falsch gemacht wurde.

Seite 23 Aufgabe 4

...

★ Aufgaben mit dem eigenen Rechenweg lösen, Rechenschritte
am Rechenstrich einzeichnen oder notieren, Aufgaben im Kopf lösen
★ MK/SF: Fehler in Aufgaben finden und kategorisieren

D 64   ÜH 54   AH 54   **23**

1 Suche dir ein anderes Kind.
Vergleicht Gegenstände aus dem Klassenzimmer nach ihrer Länge.

Der Radiergummi ist kürzer als der Bleistift.

Die Tafel ist länger als der Tisch.

2 Sucht Gegenstände, die fast gleich lang sind.
Legt sie zum Vergleichen nebeneinander.
Schreibt Längenvergleiche auf.

Seite 24 Aufgabe 2
a) ...

a) ist länger als .

b)  ist kürzer als .

c)  ist genauso lang wie ___.

3 Manche Gegenstände könnt ihr zum Vergleichen nicht nebeneinanderlegen. Dann hilft zum Beispiel eine Schnur. Sucht solche Gegenstände und vergleicht sie. Schreibt Längenvergleiche auf wie in Aufgabe **2**.

Seite 24 Aufgabe 3
...

Der Tisch ist länger als das Regal.

★ Längenvergleiche bei Gegenständen im Klassenzimmer durchführen ★ Längenvergleiche von Gegenständen durch Nebeneinanderlegen (direkter Vergleich) und mit Hilfsmitteln (indirekter Vergleich) durchführen ★ SF: Längenvergleiche beschreiben und notieren

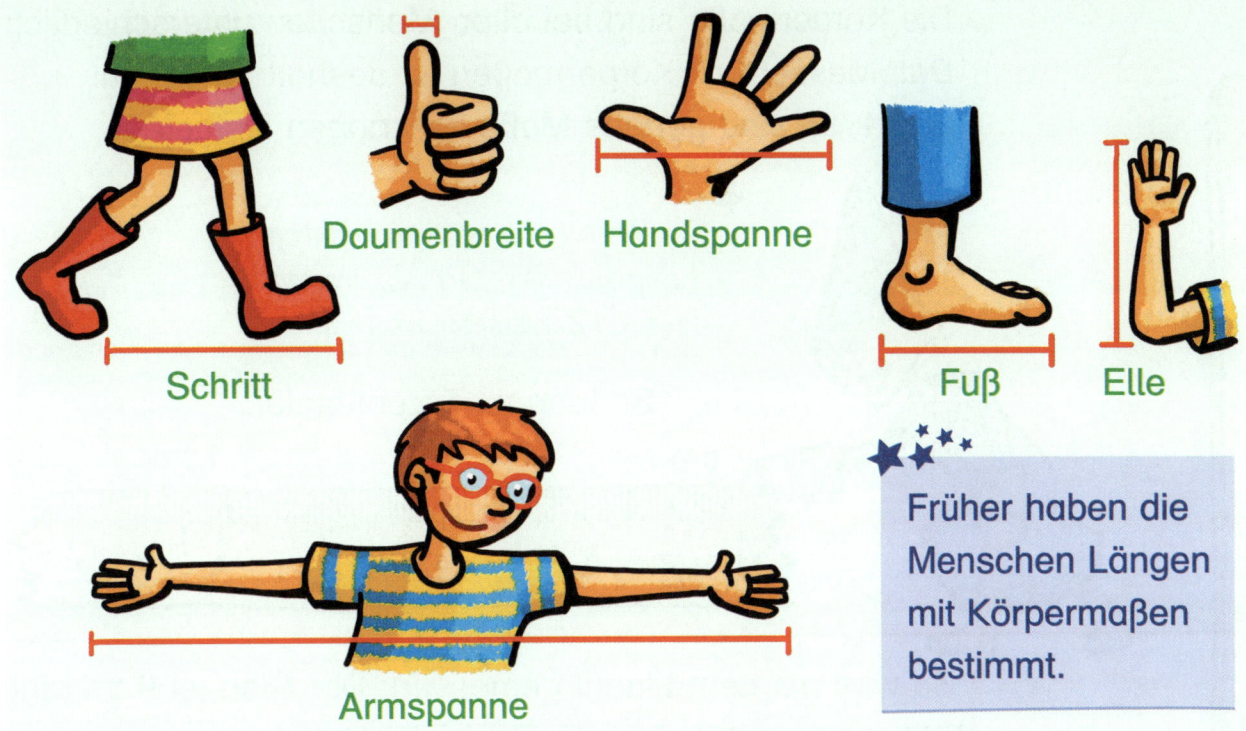

Daumenbreite   Handspanne

Schritt

Fuß   Elle

Armspanne

Früher haben die Menschen Längen mit Körpermaßen bestimmt.

1 Miss folgende Längen in den angegebenen Körpermaßen.

Seite 25 Aufgabe 1

a) ...

a) Schülertisch, lange Seite: ungefähr ▮ Handspannen

b) Mathematikheft, kurze Seite: ungefähr ▮ Daumenbreiten

c) aufgeklappte Tafel: ungefähr ▮ Armspannen

d) Länge des Klassenzimmers: ungefähr ▮ Schritte

e) Weg von der Tür bis zur Tafel: ungefähr ▮ Fuß

f) Lehrertisch, lange Seite: ungefähr ▮ Ellen

2 Vergleiche deine Ergebnisse von Aufgabe **1** mit denen eines anderen Kindes. Bei welchen Messungen gibt es große Unterschiede? Bei welchen Messungen sind die Ergebnisse fast gleich? Sucht Begründungen.

3 Überlege gemeinsam mit einem anderen Kind, ob es möglich ist, dass alle Kinder deiner Klasse auf einem Schülertisch ihre Daumen nebeneinanderlegen. Sammelt die nötigen Informationen.
Schreibt die Informationen, die Rechenschritte und die Antwort auf.

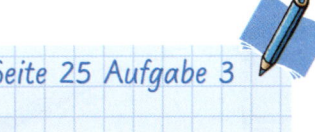
Seite 25 Aufgabe 3

...

★ **SF:** Körpermaße kennenlernen ★ mit Körpermaßen messen ★ **SF:** Messergebnisse vergleichen und Begründungen für Unterschiede finden ★ Vorgehensweisen beim Lösen einer Sachaufgabe entwickeln, notieren und auf Plausibilität prüfen

Die Körpermaße sind bei allen Menschen unterschiedlich.
Das Messen mit Körpermaßen ist deshalb ungenau.
Seit 1795 sind genaue Maße für Längen festgelegt.

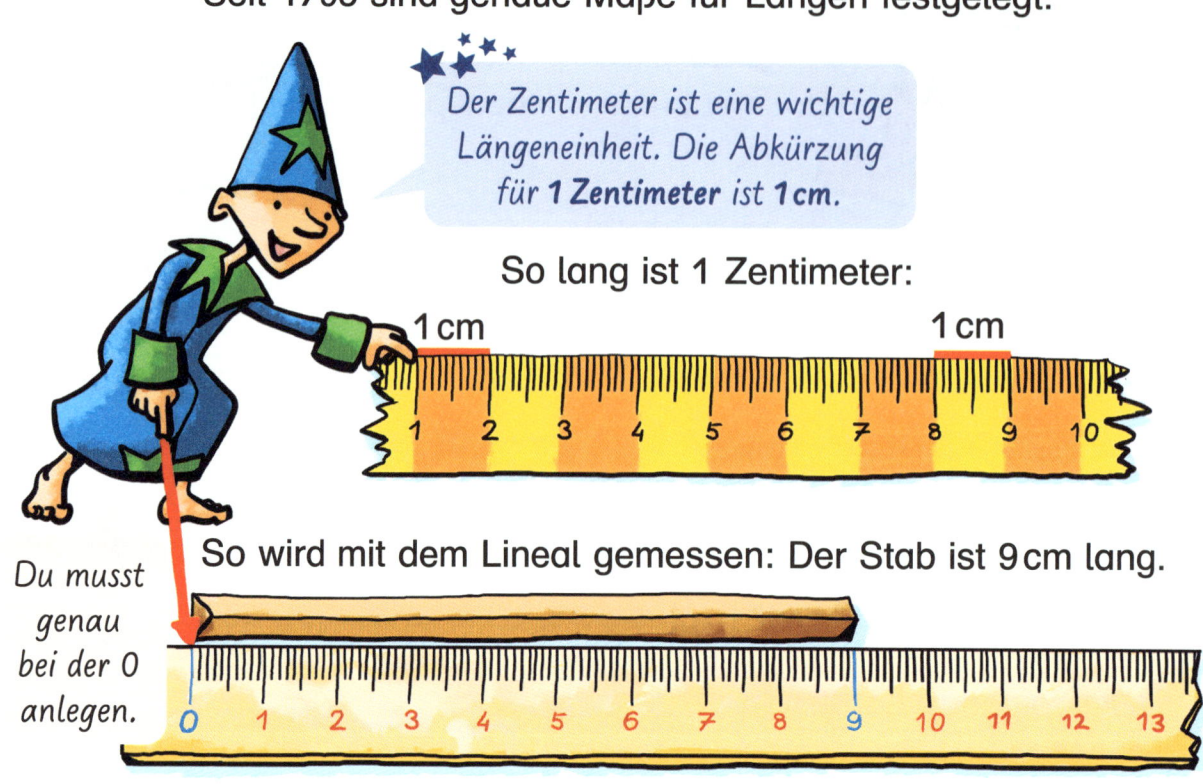

*Der Zentimeter ist eine wichtige Längeneinheit. Die Abkürzung für **1 Zentimeter** ist **1cm**.*

So lang ist 1 Zentimeter:

1 cm   1 cm

Du musst genau bei der 0 anlegen.

So wird mit dem Lineal gemessen: Der Stab ist 9 cm lang.

---

1 Miss mit einem Lineal und schreibe die Ergebnisse auf.

a) Heft   b) Farbkasten

c) Bleistift   d) Einstern-Heft

e) Handspanne   f) Daumenbreite

g) Fußlänge   h) Elle

i) Wähle zwei weitere Gegenstände.

Seite 26 Aufgabe 1
a)   ... cm   b)   ...

2 Miss die Längen der Nägel und schreibe sie auf.

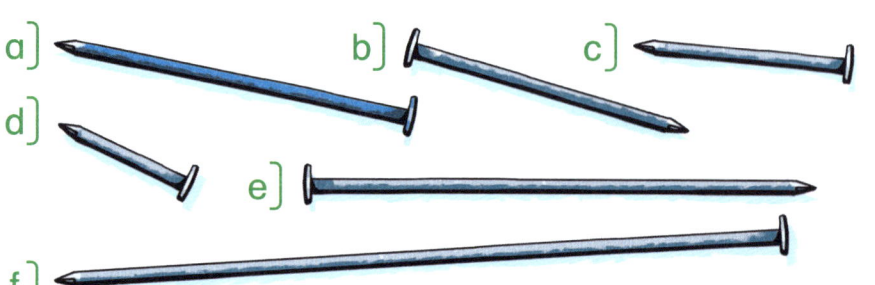

a)   b)   c)

d)

e)

f)

g)

Seite 26 Aufgabe 2
a)   5 cm   b)   ...

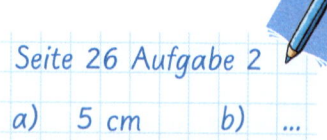

★ Begründungen für die Notwendigkeit standardisierter Maßeinheiten nachvollziehen ★ SF: „cm" als standardisierte Maßeinheit kennenlernen und verwenden ★ MK: das Lineal als Messinstrument sachgerecht nutzen ★ mit dem Lineal Längen messen und Messergebnisse notieren

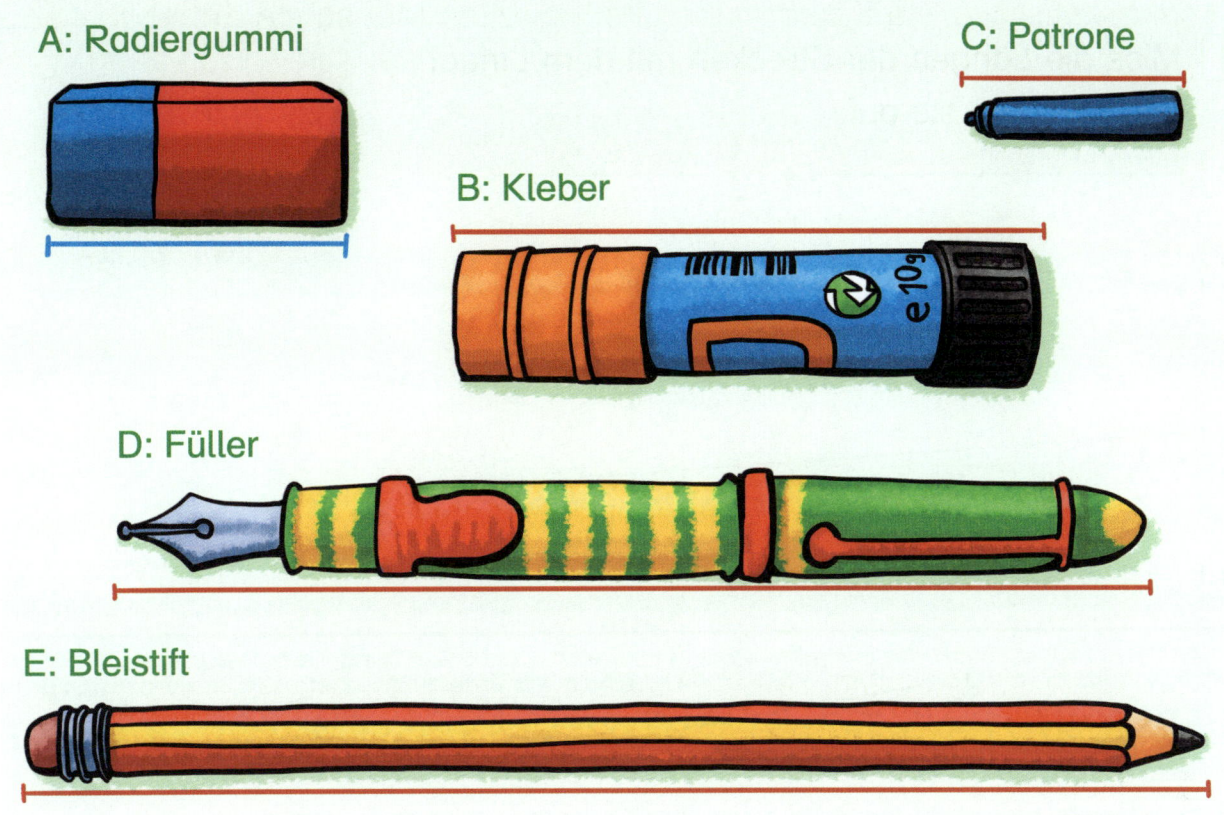

A: Radiergummi

C: Patrone

B: Kleber

D: Füller

E: Bleistift

1 So lang sind Dinge im Mäppchen.

a) Miss die Längen der Gegenstände oben.
Schreibe deine Ergebnisse in deinem Heft auf.

b) Miss auch die Längen deiner eigenen Gegenstände.
Schreibe deine Ergebnisse in deinem Heft auf.

c) Vergleiche, ob dein Gegenstand **länger**
oder **kürzer** ist als auf dem Bild.
Notiere deine Ergebnisse.

*Mein Radiergummi
ist 5 cm lang. Mein
Gegenstand ist länger.*

Seite 27 Aufgabe 1

a) A : 4 cm

  B : ...

  ⋮

b) Meine Gegenstände:

  A : ... cm

  B : ...

  ⋮

c) Mein Radiergummi

  ist ...

  ⋮

2 Zeichne mithilfe des Lineals deinen Bleistift und
deinen Radiergummi in der richtigen Länge.

Seite 27 Aufgabe 2

...

★ die Längen von Gegenständen in „cm" messen, **SF:** Längen vergleichen
★ Gegenstände in vorgegebener Länge zeichnen

1 Miss die Längen der Strecken mit dem Lineal und schreibe sie auf.

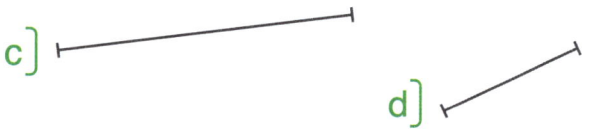

a]    b]

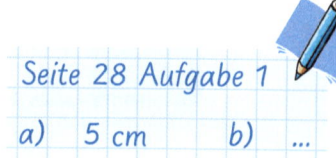

Seite 28 Aufgabe 1

a]   5 cm   b]   ...

c]

d]

e]

f]

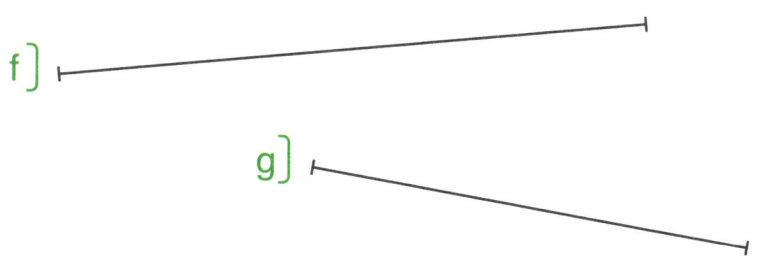

g]

h]

i Suche dir ein anderes Kind.
Vergleicht eure Ergebnisse.
Wenn ihr unterschiedliche Ergebnisse habt, messt neu.

2 Zeichne Strecken mit den folgenden Längen.

a]   2 cm   b]   7 cm

c]   3 cm   d]   11 cm

e]   9 cm   f]   15 cm

g]   8 cm   h]   13 cm

Seite 28 Aufgabe 2

a]

b]   ...

i Bitte ein anderes Kind, deine Zeichnungen zu prüfen.

★ die Längen von Strecken messen
★ Strecken in vorgegebener Länge zeichnen

3 Längen zusammengesetzter Strecken schätzen und messen

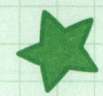

1 Betrachte die zusammengesetzten Strecken.

a) Schätze, welche der Figuren die größte Länge hat.

b) Schätze die Länge jeder Figur.

c) Miss die Längen aller Teilstrecken und berechne jeweils die Gesamtlänge.

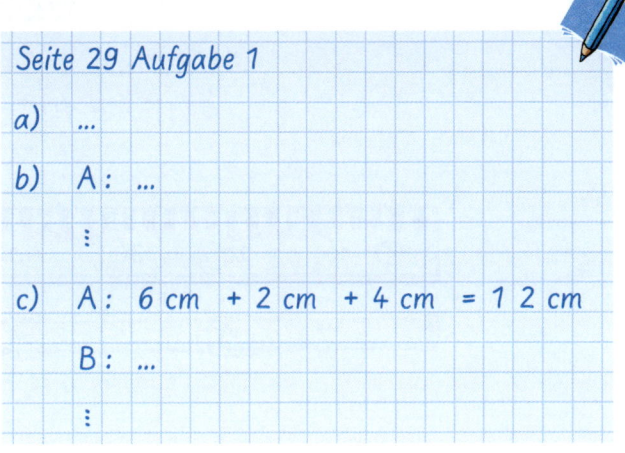

Seite 29 Aufgabe 1

a) …

b) A: …

⋮

c) A: 6 cm + 2 cm + 4 cm = 12 cm

B: …

⋮

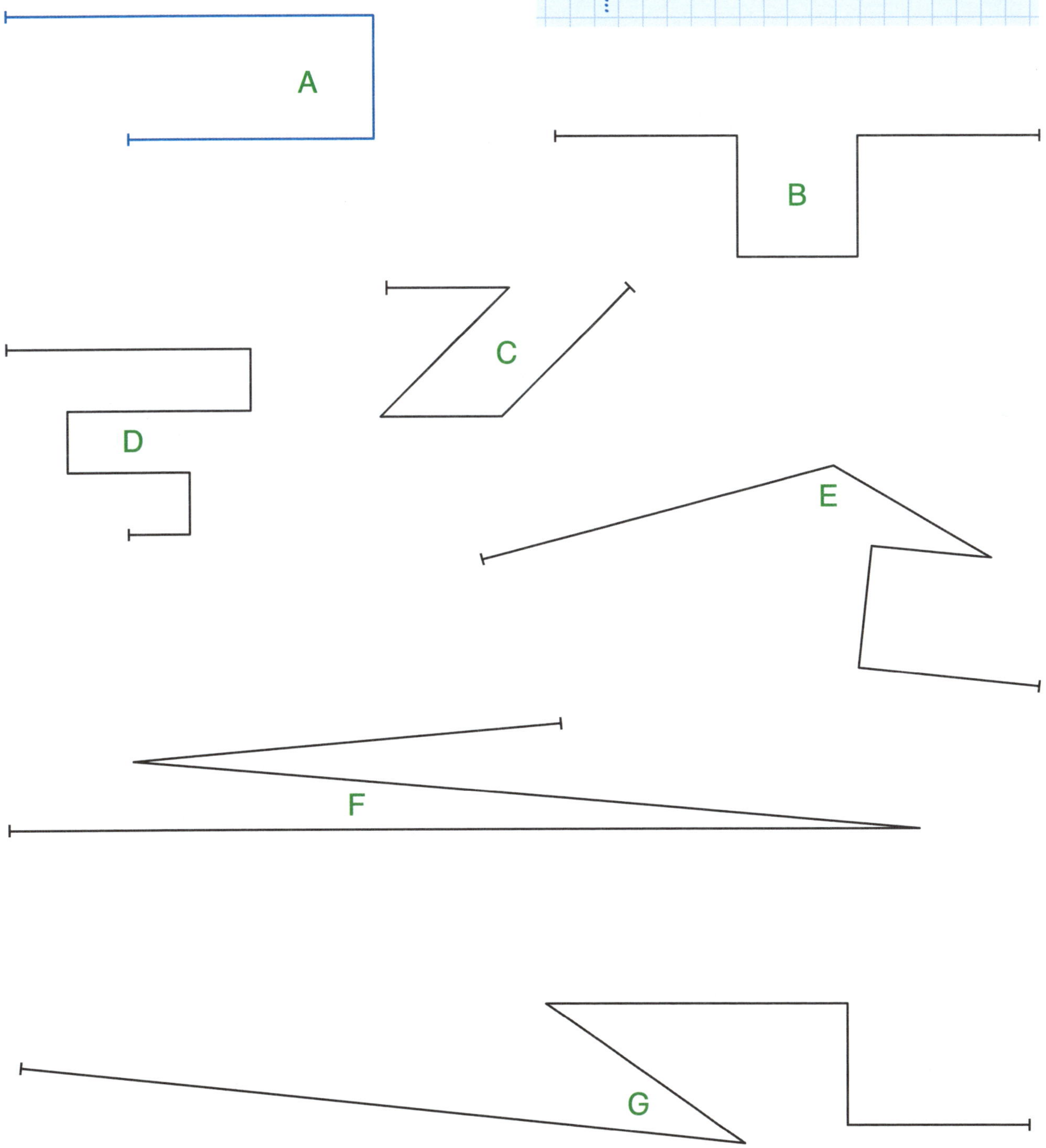

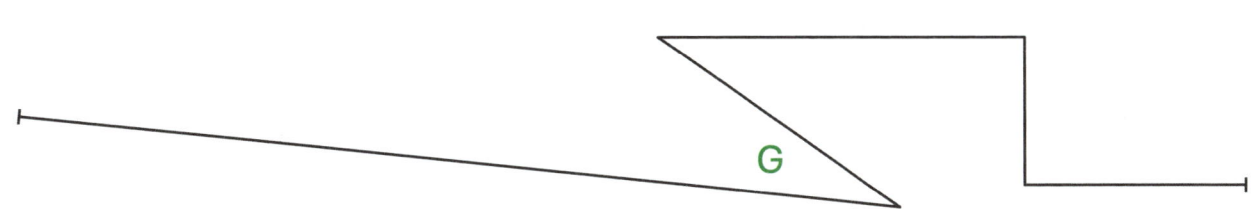

3 Die Länge „1m" und Messgeräte kennenlernen

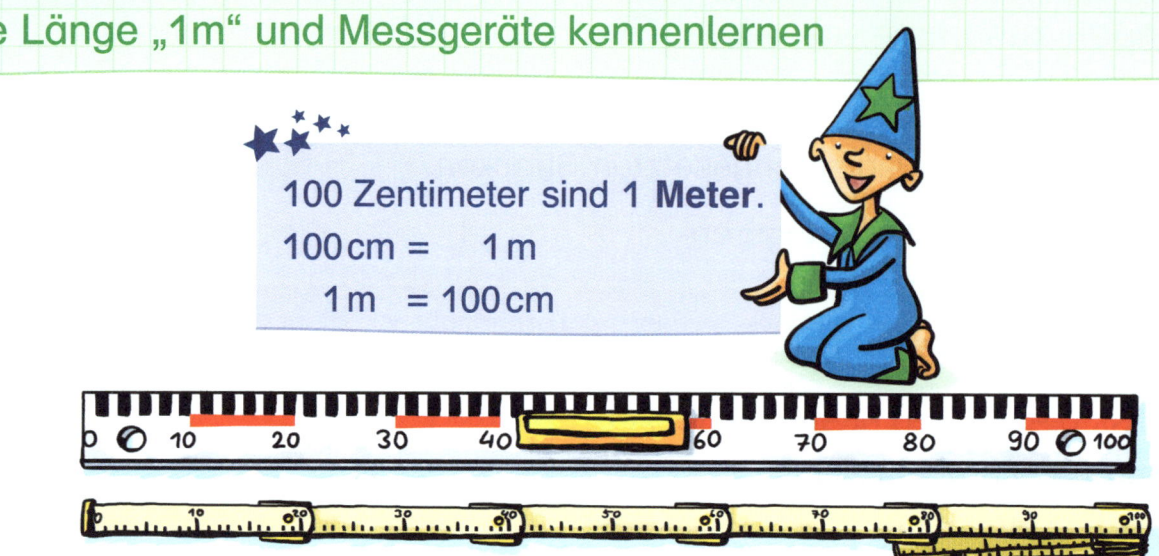

100 Zentimeter sind 1 **Meter**.

100 cm =   1 m

1 m   = 100 cm

---

1 Es gibt verschiedene Messinstrumente zum Messen von Längen.

Lineal

Gliedermaßstab
(Zollstock)

Geodreieck

Schneidermaß

Bandmaß

Bandmaß

a Bringe einige Messinstrumente von zu Hause mit
und zeige einem anderen Kind, wie man damit misst.

b Besprecht, wann man welches Messgerät verwendet.

2 Stelle aus Papierstreifen dein eigenes Meterband her.

1 Du brauchst fünf
gelbe und fünf weiße
10 cm lange Streifen.

2 So musst du sie
zusammenkleben.

3

★ SF: „m" als standardisierte Maßeinheit kennenlernen ★ MK/SF: verschiedene Messinstrumente,
ihre Anwendungsbereiche und den jeweils sachgerechten Umgang kennenlernen und beschreiben
★ MK: aus einem Papierstreifen ein Meterband herstellen

Körpergrößen messen und vergleichen

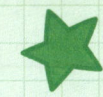

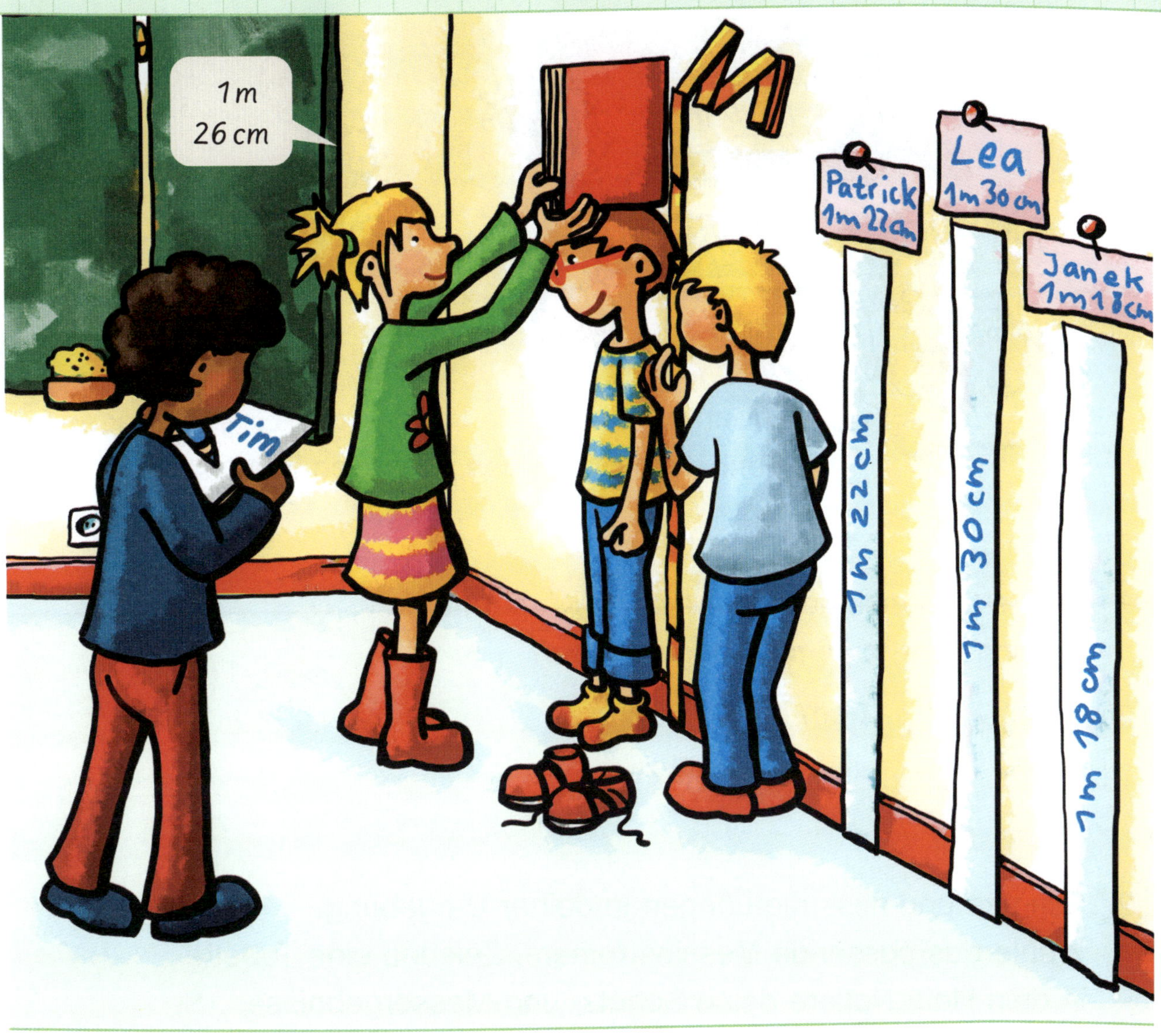

1 Suche dir drei andere Kinder.
Betrachtet zuerst das Bild ganz genau und überlegt,
was man beim Messen der Körpergröße alles beachten muss
(die Schuhe, den Zollstock, wie das Buch auf den Kopf gehalten wird, ...).

2 Messt und vergleicht eure Körpergrößen.

a) Messt die Körpergröße von jedem Kind in m und cm. Schreibt die Messergebnisse auf.

b) Schreibt die Kinder nach Größe geordnet auf. Beginnt mit dem kleinsten Kind.

c) Schreibt mehrere Größenvergleiche auf.

Seite 31 Aufgabe 2

a) ... :   ... m ... cm
⋮

b) ..., ..., ..., ...

c) ... ist ... cm kleiner als ...
... ist ... cm größer als ...
⋮

★ Körpergröße von Kindern in „m" und „cm" sachgerecht messen, notieren und vergleichen
★ SF: Vergleiche notieren

Die Tafel ist 1 m breit.

Das Heft ist 30 cm lang.

Wenn wir die Länge von einigen Gegenständen kennen, hilft uns das beim Schätzen.

1 Suche Gegenstände oder eigene Körpermaße, die ungefähr folgende Längen haben.

a) 1 cm
b) 10 cm
c) 30 cm
d) 50 cm
e) 1 m
f) 2 m

Seite 32 Aufgabe 1

a)   1 cm: Daumenbreite, …

b)   1 0 cm: …

c)   …

2 Schätze und miss die Längen in deiner Umgebung.
Wähle das passende Messinstrument. Zeichne eine Tabelle in dein Heft. Notiere deine Schätz- und Messergebnisse.

a) Tischlänge

b) Tischbreite

c) Tischhöhe

d) Länge deines Mäppchens

e) deine Schuhlänge

f) Türbreite

g) Fensterbreite

h) Breite des Klassenzimmers

i) Länge des Gangs

j) Radiergummi

k) Büroklammer

l) Wähle zwei weitere Gegenstände.

Seite 32 Aufgabe 2

	geschätzt	gemessen
a)	1 m	…
b)	…	…
⋮	⋮ ⋮	⋮ ⋮

★ zu verschiedenen vorgegebenen Längenangaben Repräsentanten finden und diese als Bezugsgrößen beim Schätzen nutzen
★ Längen von Gegenständen im Klassenzimmer schätzen und in „m" und „cm" messen

1 Entscheide, ob die Aussage stimmt oder nicht.

a) Ein Auto ist länger als 10 m.

b) Mein Mäppchen ist länger als 10 cm.

c) Unser Klassenzimmer ist 5 m hoch.

d) Mein Bleistift ist kürzer als 30 cm.

e) Meine Schritte sind länger als 1 m.

f) Mein Füller ist länger als 10 cm.

Seite 33 Aufgabe 1

a) stimmt nicht

b) ...

2 Setze m oder cm passend ein.

a) Die Klassenzimmertür ist ungefähr 1 ▉ breit.

b) Mein Stuhl ist ungefähr 45 ▉ hoch.

c) Das Buch ist ungefähr 3 ▉ dick.

d) Der Baum ist ungefähr 20 ▉ hoch.

e) Der Schreibtisch ist 1 ▉ 20 ▉ lang.

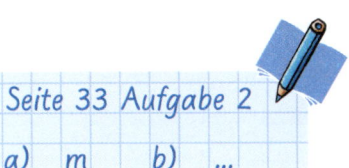

Seite 33 Aufgabe 2

a) m   b) ...

3 Ordne die Längenangaben zu.

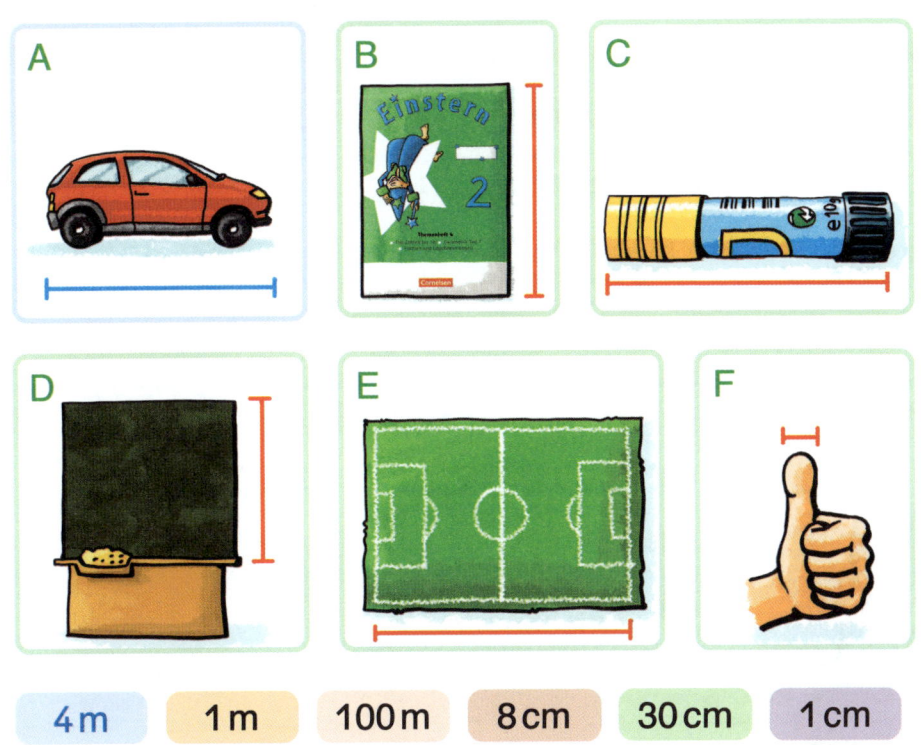

A   B   C

D   E   F

| 4 m | 1 m | 100 m | 8 cm | 30 cm | 1 cm |

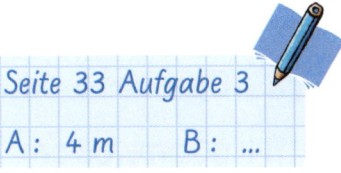

Seite 33 Aufgabe 3

A: 4 m   B: ...

★ verschiedene Längenangaben auf Plausibilität prüfen
★ Längenangaben die Maßeinheiten „m" und „cm" passend zuordnen
★ Längenangaben in „m" und „cm" passend zuordnen

1 Ordne die Längenangaben.
Beginne mit der größten Länge.

a)

35 cm	12 cm	58 cm
27 cm	85 cm	

b)

1 m 38 cm   1 m 54 cm
1 m 6 cm   1 m 85 cm   1 m 60 cm

c)

3 cm   1 m 30 cm   34 cm
2 m   1 m 4 cm

Seite 34 Aufgabe 1
a)   8 5 cm > ...
b)   ...

2 Löse die Aufgaben.

a) 65 cm + 23 cm = ■ cm
18 cm + 45 cm = ■ cm
54 cm + 27 cm = ■ cm

b) 98 cm − 36 cm = ■ cm
82 cm − 24 cm = ■ cm
45 cm − 18 cm = ■ cm

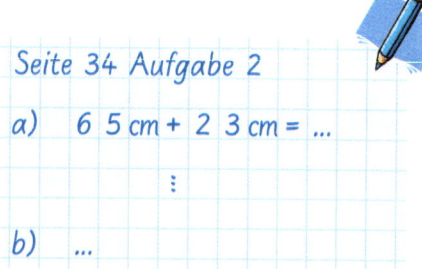

Seite 34 Aufgabe 2
a)   6 5 cm + 2 3 cm = ...
⋮
b)   ...

3 Berechne den Längenunterschied.

a) 80 cm, 65 cm
b) 25 cm, 70 cm
c) 15 m, 30 m
d) 100 m, 75 m
e) 1 m 20 cm, 1 m 35 cm
f) 1 m 50 cm, 1 m 25 cm

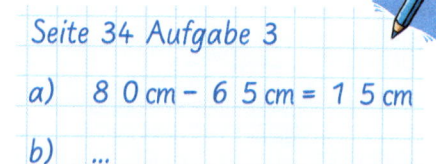

Seite 34 Aufgabe 3
a)   8 0 cm − 6 5 cm = 1 5 cm
b)   ...

4 Ergänze zu einem Meter.

a) 45 cm + ■
52 cm + ■
14 cm + ■

b) 35 cm + 12 cm + ■
63 cm + 20 cm + ■
40 cm + 25 cm + ■

Beachte:
1 m = 100 cm

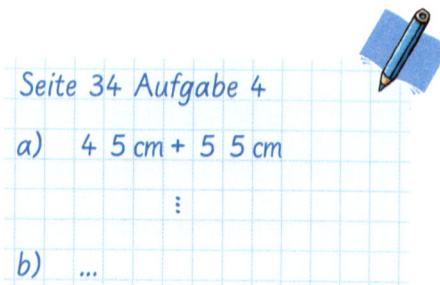

Seite 34 Aufgabe 4
a)   4 5 cm + 5 5 cm
⋮
b)   ...

★ Längenangaben nach der Größe ordnen ★ mit Längenangaben rechnen
★ Längenunterschiede bestimmen
★ zu einem Meter ergänzen

1 Bestimme die Ergebnisse beim Weitwurf.

a Übertrage die Tabelle in dein Heft.
Lies die Weiten für den 1. Wurf aus
der Zeichnung ab und trage sie ein.

Name	1. Wurf	2. Wurf
Mai-Lin	🟦	🟦
Anne	🟨	🟨
Janek	🟨	🟨
Patrick	🟨	🟨
Lisa	🟨	🟨

Seite 35 Aufgabe 1

a)

Name	1. Wurf	2. Wurf
Mai-Lin	5 m	9 m
Anne	…	…
⋮	⋮	⋮

c) Mai-Lin: 1 4 m

Anne: …

⋮

Platz 1: …

⋮

b Beim 2. Wurf haben die Kinder
andere Ergebnisse erzielt:

Mai-Lin: 4 m mehr
Anne: 1 m mehr
Janek: 2 m weniger
Patrick: 3 m mehr
Lisa: 2 m weniger

Berechne die Weite für den 2. Wurf.
Trage sie in die Tabelle ein.

c Die Kinder zählen immer die Weiten
des 1. und des 2. Wurfs zusammen.
Das Kind mit der größten Weite
bekommt den 1. Platz.
Bestimme, wer 1., 2., 3., 4. und 5. wird.

★ Weitwurfergebnisse ablesen sowie rechnerisch ermitteln und in einer Tabelle notieren
★ Gesamtergebnisse ermitteln und Platzierungen ableiten

1 Schreibe zu jeder Rechengeschichte eine Rechnung und eine Antwort. Die Skizzen helfen dir.

a) Lea und Tim laufen vom Baum aus in entgegengesetzte Richtungen. Nach 5 Sekunden ist Tim 32 m und Lea 27 m gelaufen. Wie weit sind die beiden voneinander entfernt?

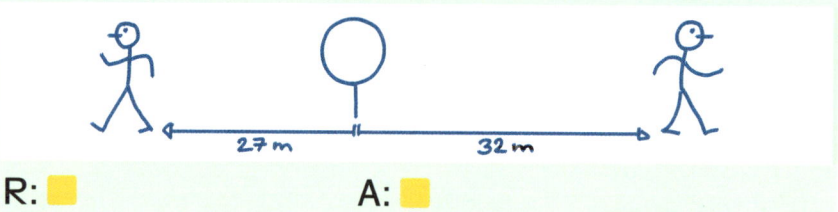

R: ▨   A: ▨

b) An einer Straße stehen Bäume. Der Abstand zwischen den Bäumen ist immer 10 m. Wie weit stehen der zweite und der sechste Baum auseinander?

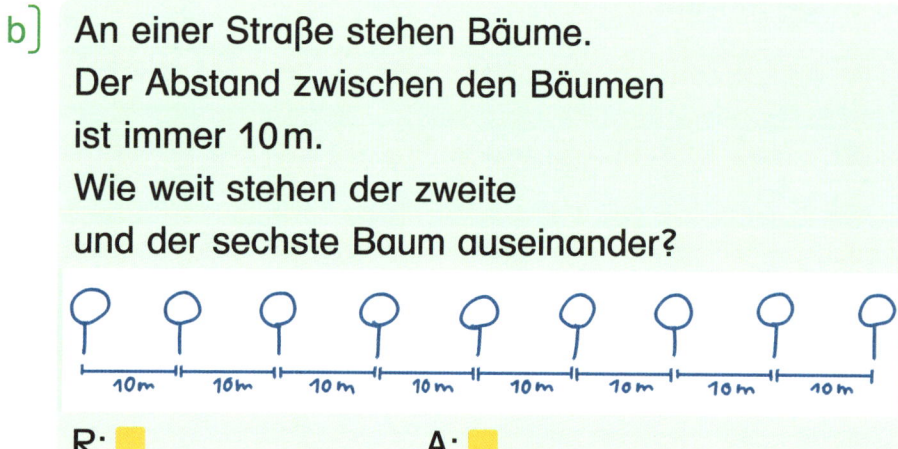

R: ▨   A: ▨

Seite 36 Aufgabe 1
a) R: ...   b) ...
    A: ...

2 Zeichne zu jeder Rechengeschichte eine Skizze. Schreibe dann die Rechnung und die Antwort auf.

a) Tim und Lea stehen 50 m weit auseinander. Sie laufen aufeinander zu. Lea ist 20 m weit gelaufen, Tim 15 m. Wie weit sind die beiden jetzt voneinander entfernt?

b) Ein Gärtner pflanzt Erdbeerpflanzen in eine Reihe. Zwischen zwei Pflanzen lässt er immer 20 cm Abstand. Wie groß ist der Abstand zwischen der ersten und der fünften Pflanze?

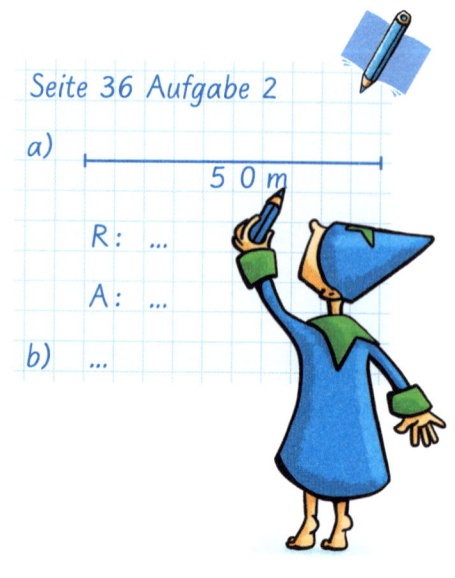

Seite 36 Aufgabe 2
a) |————————————|
              5 0 m
   R: ...
   A: ...
b) ...

★ Sachaufgaben zu Längenangaben mithilfe von Skizzen lösen, in passende Rechenaufgaben übertagen und Antwortsätze formulieren ★ zu vorgegebenen Sachaufgaben eine Skizze zeichnen

Ich kontrolliere mit der **Umkehraufgabe.**

26 + 28 = 54,
denn
54 − 28 = 26

62 − 25 = 37,
denn
37 + 25 = 62

1 Schreibe die Plusaufgaben mit Ergebnis und die passenden Umkehraufgaben auf.

a)
$$45 \xrightarrow{+37} \underset{-37}{\longleftarrow} \blacksquare$$

b)
$$18 \xrightarrow{+54} \underset{-54}{\longleftarrow} \square$$

c)
$$27 \xrightarrow{+26} \underset{-26}{\longleftarrow} \square$$

d)
$$36 \xrightarrow{+25} \underset{-25}{\longleftarrow} \square$$

Seite 37 Aufgabe 1

a)   4 5 + 3 7 = 8 2   b)   ...

       8 2 − 3 7 = 4 5

2 Schreibe die Minusaufgaben mit Ergebnis und die passenden Umkehraufgaben auf.

a)
$$65 \xrightarrow{-17} \underset{+17}{\longleftarrow} \blacksquare$$

b)
$$46 \xrightarrow{-29} \underset{+29}{\longleftarrow} \square$$

c)
$$52 \xrightarrow{-36} \underset{+36}{\longleftarrow} \square$$

d)
$$91 \xrightarrow{-53} \underset{+53}{\longleftarrow} \square$$

Seite 37 Aufgabe 2

a)   6 5 − 1 7 = 4 8   b)   ...

       4 8 + 1 7 = 6 5

3 Löse die Aufgaben.
Kontrolliere die Ergebnisse mit der Umkehraufgabe.

a) 45 + 28 = ■
    48 + 24 = □
    24 + 37 = □
    57 + 28 = □

b) 56 − 38 = ■
    72 − 26 = □
    64 − 17 = □
    74 − 28 = □

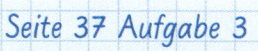 Seite 37 Aufgabe 3

a)   4 5 + 2 8 = 7 3,

       denn   7 3 − 2 8 = 4 5

       ⋮

b)   5 6 − 3 8 = 1 8,

       denn   1 8 + 3 8 = 5 6

       ⋮

* Aufgaben und Umkehraufgaben ablesen und lösen
* Plus- und Minusaufgaben lösen und Ergebnisse mithilfe der Umkehraufgabe kontrollieren

> *Mit Zehnerzahlen kann ich schnell rechnen. Das hilft mir, wenn ich ein Ergebnis ungefähr ausrechnen oder überprüfen will.*

Genaue Rechnung: $37 + 24 = 61$
Überschlagsrechnung: $40 + 20 = 60$

Die Rechnung mit Nachbarzehnern heißt **Überschlagsrechnung**.

Für die Überschlagsrechnung sucht man für jede Zahl den nächstliegenden Nachbarzehner. Das nennt man **Zahlen runden**.

Hat eine Zahl 5 Einer, liegt sie genau zwischen zwei Zehnerzahlen. Dann nimmt man den größeren Nachbarzehner.

---

1 Finde für die Zahlen den Nachbarzehner,
den man bei der Überschlagsrechnung verwendet.

a) 62 ⟶ ■
67 ⟶ ■
69 ⟶ ■
64 ⟶ ■
65 ⟶ ■

b) 33 ⟶ ■
45 ⟶ ■
74 ⟶ ■
12 ⟶ ■
96 ⟶ ■

Seite 38 Aufgabe 1
a) 6 2 → 6 0   *b)* ...
⋮

2 Runde die Zahlen und schreibe
die Überschlagsrechnung auf.

a) $33 + 29 = 62$
$19 + 23 = 42$
$28 + 28 = 56$
$47 + 44 = 91$
$32 + 48 = 80$

b) $47 - 28 = 19$
$76 - 48 = 28$
$81 - 42 = 39$
$35 - 26 = 9$
$92 - 29 = 63$

Seite 38 Aufgabe 2
a) 3 0 + 3 0 = 6 0   *b)* ...
⋮

★ **SF:** Begriffe „Überschlagsrechnung" und „Zahlen runden" kennenlernen und verwenden
★ Rundungsregeln kennenlernen und anwenden
★ Zahlen runden und Überschlagsrechnungen erstellen

Überschlag:
40 + 30 = 70

Ja, mein Ergebnis
71 kann stimmen.

38 + 33 = 71

1 Finde die Überschlagsrechnungen
und schreibe sie auf.
Prüfe, ob die Ergebnisse der Aufgaben
richtig sein können.

a) 57 + 24 = 81
72 + 19 = 91
29 + 53 = 72

b) 92 − 28 = 64
68 − 32 = 26
81 − 28 = 53

Seite 39 Aufgabe 1

a) 6 0 + 2 0 = 8 0

    8 1 kann richtig sein
       ⋮
b) ...

2 Löse die Aufgaben. Überprüfe
mit der Überschlagsrechnung,
ob dein Ergebnis stimmen kann.

a) 64 + 29 = ▉
38 + 13 = ▉
58 + 24 = ▉

b) 93 − 39 = ▉
51 − 24 = ▉
82 − 23 = ▉

Seite 39 Aufgabe 2

a) 6 4 + 2 9 = 9 3

    6 0 + 3 0 = 9 0

    9 3 kann richtig sein
       ⋮
b) ...

3 Rechne die Überschlagsrechnung im Kopf.
Stelle so schnell fest, zu welchem Ergebnisstern
die Aufgabe gehört. Ordne zu.

1 54 + 28 = ▉   2 39 + 54 = ▉

3 52 − 24 = ▉   4 93 − 37 = ▉

Seite 39 Aufgabe 3

1 − C, ...

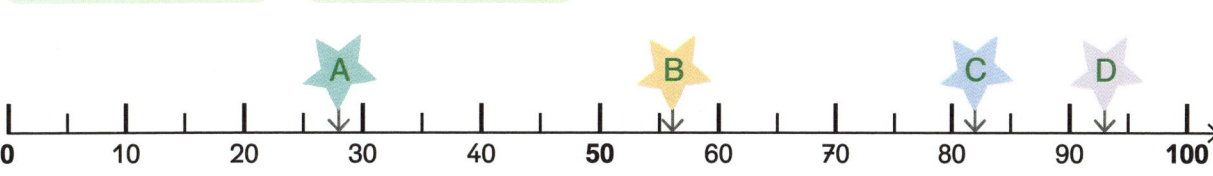

1 Löse die Aufgaben.
Du kannst deine Rechenschritte aufschreiben.

a) 27 + 34 = ⬜
55 + 28 = ⬜
19 + 56 = ⬜
68 + 13 = ⬜

b) 46 + 45 = ⬜
34 + 59 = ⬜
63 + 28 = ⬜
28 + 47 = ⬜

c) 83 − 37 = ⬜
51 − 24 = ⬜
75 − 59 = ⬜
92 − 36 = ⬜

d) 44 − 18 = ⬜
96 − 67 = ⬜
62 − 26 = ⬜
73 − 45 = ⬜

Seite 40 Aufgabe 1
a) ...

2 Übertrage die Tabellen in dein Heft oder nutze einen PC.
Fülle die Tabellen aus.

a)
+	43	24	57
27	⬜	⬜	⬜
38	⬜	⬜	⬜

b)
−	47	65	28
92	⬜	⬜	⬜
84	⬜	⬜	⬜

c)
+	16	⬜	⬜
46	⬜	65	⬜
59	⬜	⬜	84

d)
−	36	⬜	⬜
63	⬜	⬜	34
75	⬜	57	⬜

Seite 40 Aufgabe 2
a)
+	43	24	57
27	...	...	...
38	...	...	...

b) ...

3 Übertrage die Zahlenmauern in dein Heft.
Ergänze die fehlenden Zahlen.

a)

b)

c)
95
⬜ 37
⬜ ⬜ 19

d)
82
44 ⬜
⬜ 27 ⬜

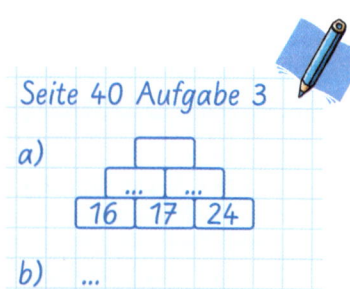

Seite 40 Aufgabe 3
a)
```
     ...
  ... ...
16 | 17 | 24
```
b) ...

★ Plus- und Minusaufgaben lösen
★ Aufgaben in Rechentabellen lösen
★ Zahlenmauern ergänzen

4 Löse die Aufgabenreihen mit Plusaufgaben.
Setze die Reihen um zwei Aufgaben fort.

a]
16 + 18 = ▪
26 + 18 = ▪
36 + 18 = ▫
▫ + ▫ = ▫
▫ + ▫ = ▫

b]
12 + 29 = ▫
13 + 28 = ▫
14 + 27 = ▫
▫ + ▫ = ▫
▫ + ▫ = ▫

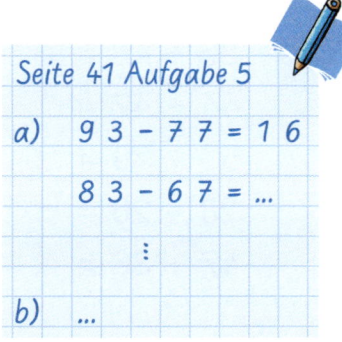

Seite 41 Aufgabe 4
a)   1 6 + 1 8 = 3 4
       2 6 + 1 8 = ...
           ⋮
b)   ...

5 Löse die Aufgabenreihen mit Minusaufgaben.
Setze die Reihen um zwei Aufgaben fort.

a]
93 – 77 = ▪
83 – 67 = ▪
73 – 57 = ▫
▫ – ▫ = ▫
▫ – ▫ = ▫

b]
86 – 23 = ▫
86 – 33 = ▫
86 – 43 = ▫
▫ – ▫ = ▫
▫ – ▫ = ▫

Seite 41 Aufgabe 5
a)   9 3 – 7 7 = 1 6
       8 3 – 6 7 = ...
           ⋮
b)   ...

6 Erkläre einem anderen Kind, wie sich in den einzelnen Reihen
bei Aufgabe **4** und **5** die Zahlen und Ergebnisse verändern.

7 Ordne passend zu.
Die Überschlagsrechnung kann dir helfen.

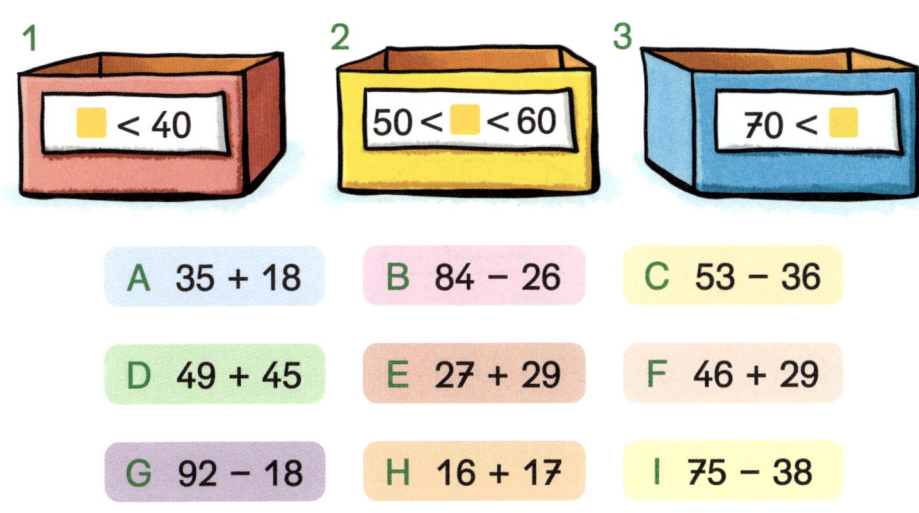

1 ▫ < 40   **2** 50 < ▫ < 60   **3** 70 < ▫

Seite 41 Aufgabe 7
1 : ...
⋮

A 35 + 18   B 84 – 26   C 53 – 36

D 49 + 45   E 27 + 29   F 46 + 29

G 92 – 18   H 16 + 17   I 75 – 38

★ **MK:** Muster von Aufgabenreihen mit Plus- und Minusaufgaben erkennen
und fortsetzen ★ **SF:** Aufgabenmuster beschreiben
★ Aufgaben nach Vorgabe passend zuordnen, Überschlagsrechnung nutzen

41

1 Finde zu drei Zahlen zwei Plusaufgaben und zwei Minusaufgaben.
Schreibe sie auf.

a) 89 75 14

■ + ■ = ■
■ + ■ = ■
■ − ■ = ■
■ − ■ = ■

b) 28 52 24

□ + □ = □
□ + □ = □
□ − □ = □
□ − □ = □

Seite 42 Aufgabe 1

a) 7 5 + 1 4 = …

  1 4 + 7 5 = …

  8 9 − 1 4 = …

  8 9 − …

b) …

2 Löse die Aufgaben.

a) 35 + 48 = ■
   44 + 47 = □
   53 + 39 = □
   28 + 26 = □
   47 + 36 = □

b) 93 − 46 = □
   84 − 57 = □
   76 − 38 = □
   61 − 42 = □
   54 − 45 = □

Seite 42 Aufgabe 2

a) 3 5 + 4 8 = …

  ⋮

b) …

3 Ordne die Aufgaben den Ergebnissen zu.

a)

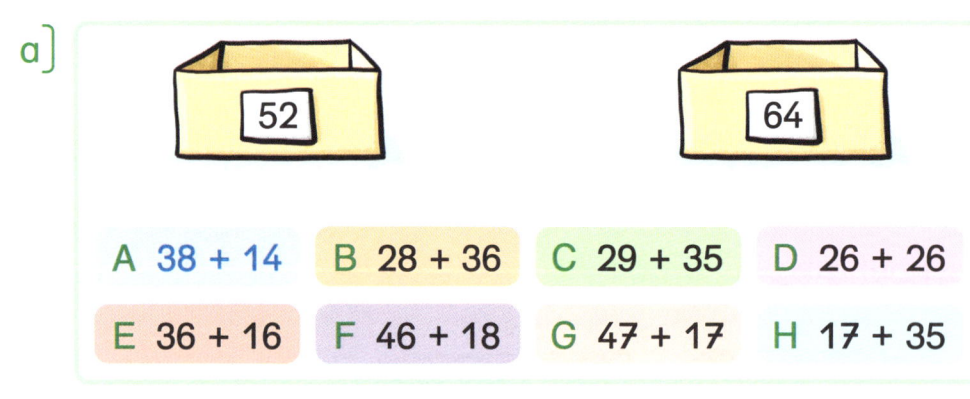

52   64

A 38 + 14   B 28 + 36   C 29 + 35   D 26 + 26

E 36 + 16   F 46 + 18   G 47 + 17   H 17 + 35

Seite 42 Aufgabe 3

a) 5 2 : A, …

  6 4 : …

b) …

b)

37   55

A 73 − 18   B 81 − 26   C 65 − 28   D 94 − 57

E 91 − 36   F 72 − 17   G 52 − 15   H 81 − 44

✶ Aufgabenfamilien bilden
✶ Plus- und Minusaufgaben lösen
✶ Plus- und Minusaufgaben lösen, dem richtigen Ergebnis zuordnen

1 Vereinfache die Rechnung.
Fasse geschickt zusammen.
Schreibe die vereinfachte Rechnung mit Lösung auf.

a) $53 + 29 + 11 =$ ▪

$25 + 37 + 5 =$ ▪

$48 + 12 + 24 =$ ▪

$35 + 23 + 17 =$ ▪

$34 + 13 + 16 =$ ▪

b) $57 - 15 - 27 =$ ▪

$63 - 28 - 13 =$ ▪

$78 - 13 - 18 =$ ▪

$94 - 24 - 35 =$ ▪

$91 - 46 - 31 =$ ▪

Plus- und Minusaufgaben mit Zehnerzahlen sind einfach.

Seite 43 Aufgabe 1

a) $5\ 3 + 4\ 0 = 9\ 3$

⋮

b) $3\ 0 - 1\ 5 = 1\ 5$

⋮

2 Vereinfache die Rechnung.
Fasse geschickt zusammen.
Schreibe die vereinfachte Rechnung mit Lösung auf.

a) $8 + 33 + 2 + 17 =$ ▪

$14 + 5 + 15 + 26 =$ ▪

$38 + 12 + 13 + 17 =$ ▪

$37 + 9 + 13 + 1 =$ ▪

$35 + 25 + 15 + 15 =$ ▪

$8 + 33 + 2 + 17 =$ ▪

b) $86 - 28 - 12 - 16 =$ ▪

$65 - 15 - 13 - 17 =$ ▪

$71 - 26 - 11 - 24 =$ ▪

$59 - 23 - 17 - 19 =$ ▪

$78 - 18 - 25 - 15 =$ ▪

$86 - 28 - 12 - 16 =$ ▪

Seite 43 Aufgabe 2

a) $1\ 0 + 5\ 0 = 6\ 0$

⋮

b) $7\ 0 - 4\ 0 = 3\ 0$

⋮

★ Kettenaufgaben durch Zusammenfassen vereinfachen

4 In Ungleichungen Relationszeichen oder Zahlen einsetzen

1 Setze <, > oder = passend ein.

a)
48 + 14 ● 68
59 + 28 ● 87
27 + 29 ● 53
17 + 57 ● 74

b)
74 − 26 ● 50
82 − 37 ● 43
61 − 29 ● 32
43 − 24 ● 18

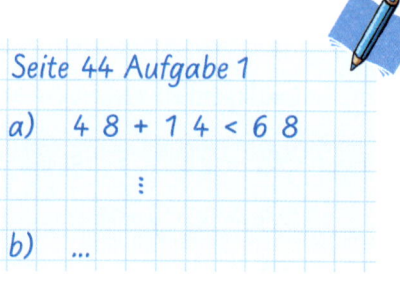

Seite 44 Aufgabe 1
a)   4 8 + 1 4 < 6 8
        ⋮
b)   ...

2 Setze passende Zahlen ein.

a)
39 + 39 > ■
68 + 16 = ■
44 + 28 < ■
24 + 36 > ■

b)
42 − 26 < ■
75 − 47 = ■
54 − 38 > ■
63 − 25 = ■

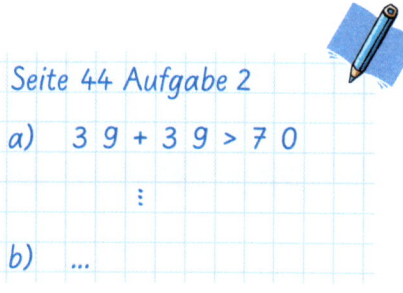

Seite 44 Aufgabe 2
a)   3 9 + 3 9 > 7 0
        ⋮
b)   ...

3 Schreibe alle passenden Zahlen auf.

a) 86 + ■ < 95   b) 38 + ■ < 46

c) 94 − ■ > 86   d) 75 − ■ > 67

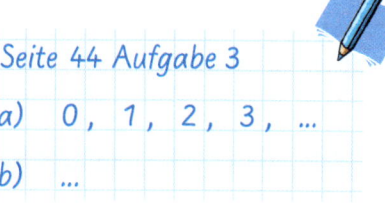

Seite 44 Aufgabe 3
a)   0, 1, 2, 3, ...
b)   ...

4 Setze <, > oder = passend ein.

a)
25 + 16 ● 37 + 15
47 + 25 ● 38 + 36
39 + 26 ● 21 + 44

b)
44 − 27 ● 36 − 19
94 − 36 ● 74 − 28
55 − 28 ● 92 − 68

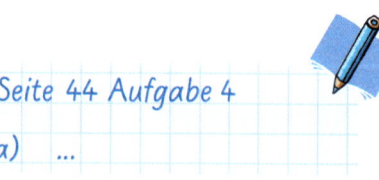

Seite 44 Aufgabe 4
a)   ...

5 Setze passende Zahlen ein.

a)
54 + 18 > ■ + 15
29 + 47 < 36 + ■
23 + 39 < ■ + ■

b)
94 − 36 > ■ − 15
73 − 25 = 96 − ■
81 − 12 > ■ − ■

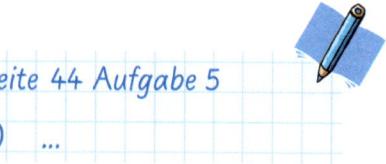

Seite 44 Aufgabe 5
a)   ...

★ Aufgaben lösen und Relationszeichen passend einsetzen
★ in vorgegebenen Ungleichungen passende Zahlen einsetzen
★ alle möglichen Zahlen finden, die eine Ungleichung erfüllen

1 Schreibe alle geraden Zahlen und alle ungeraden Zahlen geordnet auf.

Betrachte die Einer.

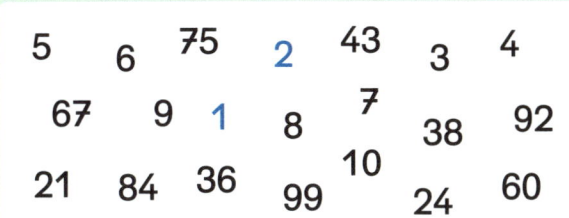

5   6   75   2   43   3   4
67   9   1   8   7   38   92
21   84   36   99   10   24   60

Seite 45 Aufgabe 1

gerade: 2 , ...

ungerade: 1 , ...

2 Löse die Aufgaben.

a) 36 + 12 = ▮
27 + 45 = ▮
68 + 23 = ▮
47 + 28 = ▮

b) 55 − 24 = ▮
72 − 36 = ▮
63 − 17 = ▮
84 − 25 = ▮

Seite 45 Aufgabe 2

a)   3 6 + 1 2 = 4 8
⋮

b)   ...

3 Ergänze die Sätze:
Wenn bei Plus- und Minusaufgaben ...

a) ... beide Zahlen gerade sind, ist das Ergebnis ▮.

b) ... beide Zahlen ungerade sind, ist das Ergebnis ▮.

c) ... eine Zahl gerade und eine Zahl ungerade ist, ist das Ergebnis ▮.

Seite 45 Aufgabe 3

a)   ...

4 Stelle ohne zu rechnen fest,
ob das Ergebnis gerade oder ungerade ist.

a) 27 + 35 = ▮
26 + 48 = ▮
37 + 54 = ▮
58 + 23 = ▮

b) 81 − 36 = ▮
72 − 48 = ▮
93 − 75 = ▮
84 − 37 = ▮

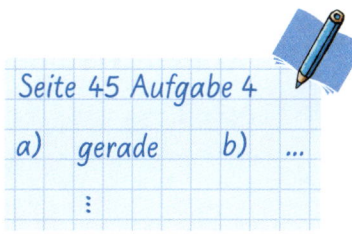

Seite 45 Aufgabe 4

a)   gerade   b)   ...
⋮

5 Stelle ohne auszufüllen fest,
ob die Zahlen in den Zielsteinen gerade oder ungerade sind.

a

36 12 24

b

27 25 43

c

18 26 35

Seite 45 Aufgabe 5

a)   ...

★ gerade und ungerade Zahlen erkennen, auch in Plus- und Minusaufgaben
★ Einfluss von geraden und ungeraden Zahlen auf das Ergebnis von Plus- und
Minusaufgaben erkennen

1 Schreibe zu jedem Zahlenrätsel die passende
Rechnung mit Lösung auf.
Die richtigen Ergebnisse findest du in den Sternen.

a) Meine Zahl ist
das Doppelte von 16.

b) Meine Zahl ist
um 15 kleiner als 73.

c) Meine Zahl ist
um 16 größer als 58.

d) Meine Zahl ist der
Unterschied von 39
und 26.

e) Meine Zahl erhältst
du, wenn du den
Unterschied von 36
und 24 verdoppelst.

f) Meine Zahl erhältst
du, wenn du den
Unterschied von 44
und 26 halbierst.

Seite 46 Aufgabe 1
a) 1 6 + 1 6 = 3 2
b) ...

9   13   24   32   58   74

2 Einstern hat die Zahlen 1, 2, 3, 4 und 5
in verschiedene Sterne verzaubert.

Finde mithilfe der Aufgaben heraus, welche
Zahl in welchen Stern verzaubert wurde.

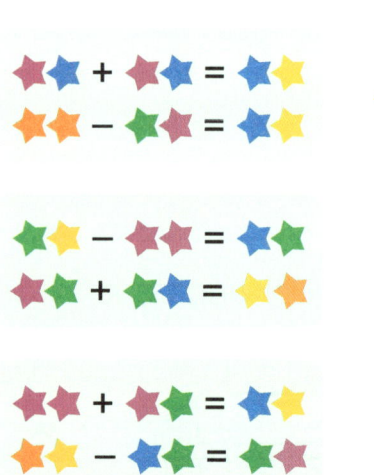

Seite 46 Aufgabe 2
★ = ...
★ = ...
★ = ...
★ = ...
★ = ...

★ Zahlenrätsel in Aufgaben übertragen und lösen
★ durch systematisches Probieren Zahlen für jeweils gleiche Platzhalter
in unterschiedlichen Aufgaben finden

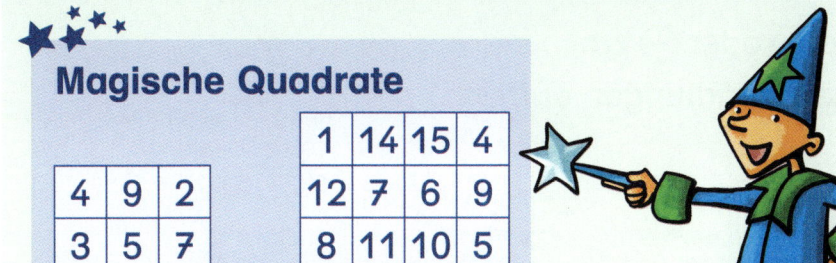

Magische Quadrate

4	9	2
3	5	7
8	1	6

1	14	15	4
12	7	6	9
8	11	10	5
13	2	3	16

Magische Quadrate wurden vor einigen tausend Jahren in China und Indien entdeckt.

1 Erforsche magische Quadrate.

Finde heraus, was das Besondere an den magischen Quadraten ist.
Du kannst dich mit anderen Kindern besprechen.

Tipp: Betrachte die Zeilen ▭,
die Spalten ▯ und die Diagonalen ◿, ◺.

2 Übertrage die Abbildungen in dein Heft.
Ergänze die fehlenden Zahlen.

a)
9	14	■
■	10	12
■	6	■

b)
24	■	27
■	18	■
■	■	12

c)
4	■	■	1
■	11	10	■
■	7	6	12
16	2	■	13

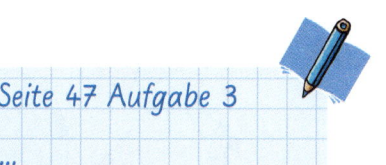

Seite 47 Aufgabe 2

a)
9	14	7
...	10	12
...	6	...

b) ...

3 Denke dir selbst magische Quadrate aus.
Stelle sie einem anderen Kind vor.

Seite 47 Aufgabe 3

...

★ SF: Besonderheiten magischer Quadrate erkennen und beschreiben
★ fehlende Zahlen in magischen Quadraten finden
★ SF: selbst magische Quadrate erstellen und einem Partnerkind vorstellen

1 Ordne den Situationen ⊕ oder ⊖ zu.
Schreibe die passenden Handlungen auf.

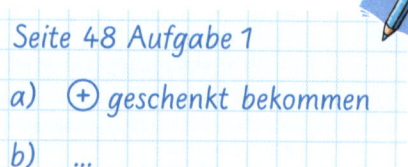

Seite 48 Aufgabe 1
a) ⊕ geschenkt bekommen
b) ...

a]

b]

c]

d]

e]

f]

★ bildlich dargestellten Handlungsabläufen die Rechenoperationen
„plus" und „minus" zuordnen, **SF:** passend beschreiben

1 Ordne den Rechengeschichten ⊕ oder ⊖ zu.
Schreibe die Handlungen neben die Rechenzeichen.

a) In der Gruppe arbeiten 8 Kinder. 3 Kinder kommen noch dazu.

b) Auf der Fensterbank stehen 7 Blumentöpfe. Leider gehen 3 Blumentöpfe kaputt.

Seite 49 Aufgabe 1
a)   ⊕ dazukommen
b)   ...

c) Im Regal stehen 30 Wörterbücher. 17 Kinder holen sich je ein Wörterbuch.

d) An der Wand hängen 26 Bilder. Maja hängt noch 13 Bilder dazu.

e) Anne hat 56 Fußballsticker. 13 Sticker schenkt sie ihrer Freundin.

f) Max hat 36 Buntstifte. 12 Buntstifte leiht er seinem Freund.

2 Stellt auf einem Plakat Handlungen für Plus- und Minusaufgaben zusammen.

Tipp: Betrachtet dazu Beispiele in Aufgabe **1** und auf Seite 48.

3 Überlege dir Rechengeschichten zu Plus- und Minusaufgaben. Schreibe sie auf.

Ich hatte 71 Sammelkarten. Davon habe ich 4 verschenkt.

Seite 49 Aufgabe 3
...

★ **SF:** in Rechengeschichten Verben als Signalwörter identifizieren und den Rechenoperationen „plus" oder „minus" zuordnen ★ **SF/MK:** Signalwörter auf einem Plakat zusammenstellen ★ **SF:** selbst Rechengeschichten formulieren und aufschreiben

49

1 Finde zu den Rechengeschichten passende Mal- und Geteiltaufgaben.

Seite 50 Aufgabe 1

a) $3 \cdot 5 = 15$ b) ...

a) Auf dem Sportplatz stehen 3 Gruppen mit jeweils 5 Kindern.

b) 16 Kinder möchten Fußball spielen. Sie wählen 2 Mannschaften.

c) Janek holt Bälle aus der Turnhalle. Er geht 2-mal und holt immer 3 Bälle.

d) Beim Staffellauf möchten 24 Kinder mitlaufen. Immer 4 Kinder sind in einer Gruppe.

2 Überlege dir gemeinsam mit anderen Kindern Rechengeschichten zu Mal- und Geteiltaufgaben. Schreibt sie auf oder macht Fotos. Ergänzt Fragen, Rechnungen und Antworten. Prüft gemeinsam, ob Geschichte, Frage, Rechnung und Antwort jeweils zusammenpassen.

Seite 50 Aufgabe 2

G: ...

F: ...

R: ...

A: ...

Ich verteile 36 Bonbons an 4 Kinder.

★ zu vorgegebenen Rechengeschichten passende Mal- und Geteiltaufgaben finden
★ SF: gemeinsam mit anderen Kindern Rechengeschichten formulieren und aufschreiben, Fragen, Rechnungen und Antwortsätze ergänzen, auf Plausibilität prüfen

1 Ordne den Rechengeschichten ⊕ oder ⊖ zu.
Finde passende Plus- und Minusaufgaben.

a) Mai-Lin hat 28 Tierpostkarten.
Sie bekommt von Meral noch 13 geschenkt.

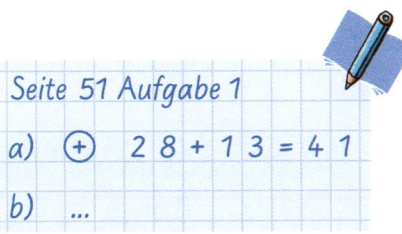

Seite 51 Aufgabe 1
a) ⊕ 28 + 13 = 41
b) ...

b) Tim hat 31 Tierpostkarten.
Er schenkt Paul 5 davon.

c) Janek hat 21 Tierpostkarten.
Ole hat 12 weniger.

d) Anne hat 15 Tierpostkarten mehr als Lea.
Lea hat 18 Tierpostkarten.

2 Ordne den Rechengeschichten ⊙ oder ⊙ zu.
Finde passende Mal- und Geteiltaufgaben.

a) Janek hat seine Postkarten sortiert.
Er hat 3 Stapel mit je 7 Postkarten.

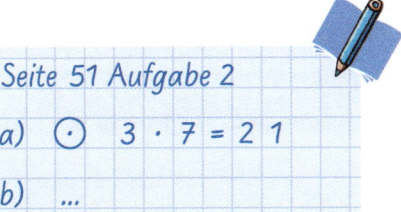

Seite 51 Aufgabe 2
a) ⊙ 3 · 7 = 21
b) ...

b) Paul hat 8 Postkarten doppelt.
Diese verteilt er an 2 Freunde.

c) Tom hat 20 Tierpostkarten.
Er verpackt immer 5 in einen Briefumschlag.

d) Sofie klebt ihre Tierpostkarten in ein Heft ein.
Auf jede Seite klebt sie 4 Karten.
7 Seiten sind schon voll.

★ Rechengeschichten passende Rechenoperationen und Rechenaufgaben zuordnen

1 Ordne Rechengeschichte,
Rechnung und Antwort passend zu.

G1 Tim, Meral und
Anne haben
zusammen
27 Luftballons.
Jeder hat
gleich viele.

G2 27 Kinder möchten
beim Sackhüpfen
mitmachen.
3 Kinder
kommen noch dazu.

G3 Die 27 Kinder
können an
9 Tischen
basteln.

G4 Sofie hat den
Kuchenstand mit
27 Luftballons
geschmückt.
9 davon sind
schon geplatzt.

G5 Für den Staffellauf
werden die Kinder
in 9 Gruppen
aufgeteilt.
In jeder Gruppe
sind 3 Kinder.

G6 Janeks Mutter bringt
3 Kisten mit
Getränken.
In jeder Kiste
sind 9 Flaschen.

Seite 52 Aufgabe 1

G 1 – R 2 – A 1

R 2: 27 : 3 = 9

A 1: Jeder hat
9 Luftballons.

G 2 – …

⋮

R1 $27 + 3 = $ ▢   **R2** $27 : 3 = $ ▣   **R3** $27 : 9 = $ ▢

R4 $3 \cdot 9 = $ ▢   **R5** $9 \cdot 3 = $ ▢   **R6** $27 - 9 = $ ▢

A1 Jeder hat
▣ Luftballons.

A2 An jedem Tisch
können ▢ Kinder
basteln.

A3 Es hängen noch
▢ Luftballons.

A4 Sie bringt
▢ Flaschen mit.

A5 Jetzt möchten
▢ Kinder
mitmachen.

A6 Es sind ▢ Kinder.

 AH 59   ÜH 59    D 73   ★ Rechengeschichten jeweils passende Rechnung und passenden Antwortsatz zuordnen

Auswertung Mathewettbewerb der Klassen 1c und 2c

Mädchen				Jungen			
Alter	Teil-nehmer	Sieger-urkunde	Ehren-urkunde	Alter	Teil-nehmer	Sieger-urkunde	Ehren-urkunde
6 Jahre	5	2	2	6 Jahre	5	2	1
7 Jahre	12	4	8	7 Jahre	11	2	6
8 Jahre	6	3	2	8 Jahre	8	4	3
gesamt	23	9	12	gesamt	24	8	10

1 In den Tabellen findest du viele Informationen. Finde die passenden Rechnungen und ergänze die Aussagen. Die richtigen Lösungen findest du in den Sternen.

> Seite 53 Aufgabe 1
> a) 1 Siegerurkunde mehr
>   R: 9 − 8 = 1
> b) ...

a Bei den Mädchen gab es insgesamt ■ Siegerurkunde ▬ als bei den Jungen.

b Bei den Jungen gab es insgesamt ▨ Ehrenurkunden ▨ als bei den Mädchen.

c Insgesamt haben ▨ Kinder teilgenommen.

d Bei den Mädchen gab es insgesamt ▨ Urkunden.

e Bei den 7-jährigen Mädchen gab es ▨ so viele Siegerurkunden wie bei den 7-jährigen Jungen.

f Bei den 8-jährigen Jungen gab es ▨ so viele Ehrenurkunden wie bei den 7-jährigen Jungen.

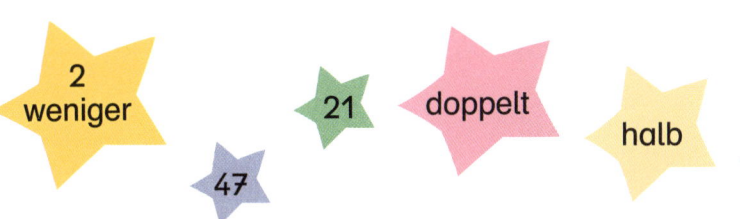

2 weniger   47   21   doppelt   halb   1 mehr

★ MK: einer Tabelle aufgabenbezogen relevante Informationen entnehmen
★ zu vorgegebenen Aussagen passende Rechnungen finden, Aussagen ergänzen

53

✋ **1** Suche dir ein anderes Kind.
Zeigt euch gegenseitig im Wechsel die Scheine und Münzen und nennt ihren Wert.

Das sind 50 Euro.

2 Schreibe den Wert in Worten und abgekürzt auf.

a)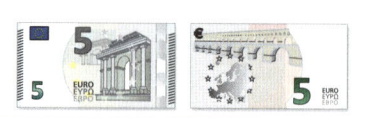

b)

c)

d)

e)

Seite 54 Aufgabe 2
a)   5 Euro, 5 €
b)   ...

3 Schreibe den Wert in Worten und abgekürzt auf.

a)

b)

c)

d)

e)

f)

g)

h)

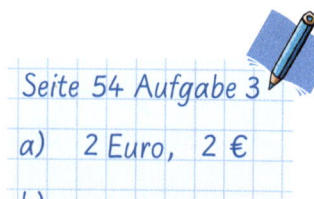

Seite 54 Aufgabe 3
a)   2 Euro, 2 €
b)   ...

€
B

★ SF: Werte von Scheinen und Münzen in den Einheiten Euro und Cent ermitteln, benennen und notieren
★ Abkürzungen „€" und „ct" verwenden

1 Bestimme die Geldbeträge.

a)

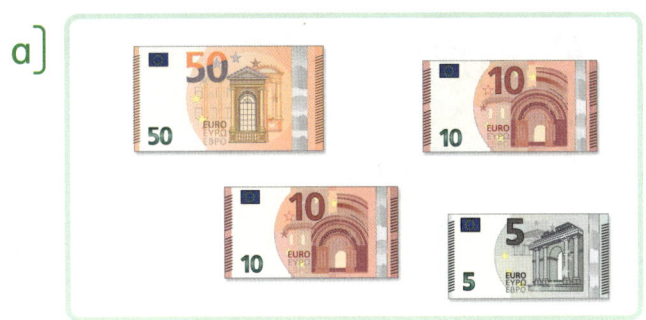

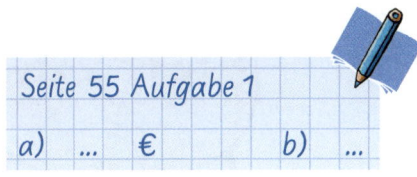

Seite 55 Aufgabe 1

a) ... €   b) ...

b)

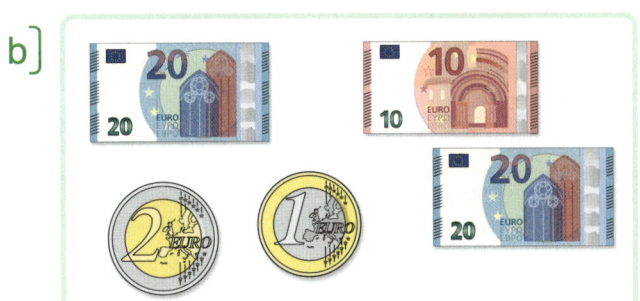

2 Bestimme die Geldbeträge.

a)

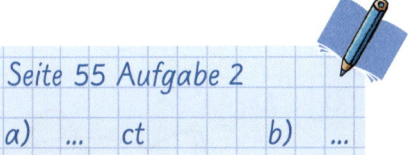

Seite 55 Aufgabe 2

a) ... ct   b) ...

b)

3 Lege die Geldbeträge. Zeichne, wie du gelegt hast.

a) 90 €   b) 73 €

c) 60 €   d) 85 €

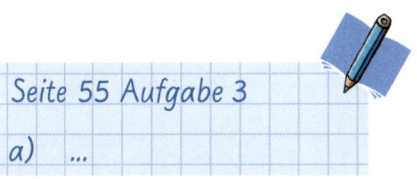

Seite 55 Aufgabe 3

a) ...

★ den Wert der dargestellten Geldbeträge ermitteln
★ vorgegebene Geldbeträge zusammenstellen, legen und zeichnen

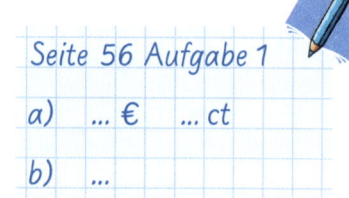
73 € 20 ct

Ich bestimme zuerst die Beträge in Euro und danach die Beträge in Cent.

1 Bestimme, wie viel Geld die Kinder in ihren Sparschweinen haben.

a) Anne

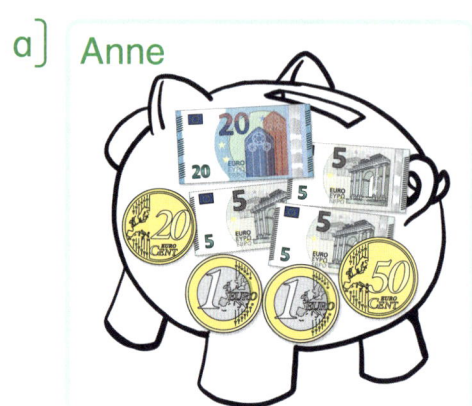

b) Patrick

Seite 56 Aufgabe 1

a) ... € ... ct

b) ...

c) Maja

d) Ole

2 Betrachte die Geldbeträge in Aufgabe ①.

a) Vergleiche und ergänze die Sätze.

Am meisten Geld hat ▭.
Am wenigsten Geld hat ▭.
Gleich viel Geld haben ▭ und ▭.

Seite 56 Aufgabe 2

a) ...

b) Ordne die verschiedenen Geldbeträge aus Aufgabe ①.

▭ > ▭ > ▭   ▭ < ▭ < ▭

★ gemischte Geldbeträge in Euro und Cent ermitteln, notieren und vergleichen
★ Geldbeträge der Größe nach ordnen

1 Stelle folgende Beträge zusammen.

a) 77 €   b) 42 €

c) 64 € 25 ct   d) 27 € 75 ct

Seite 57 Aufgabe 1

a) 77 €: 50 € 20 €
         5 € 2 €

b) ...

2 Finde passende Scheine und Münzen.

a)
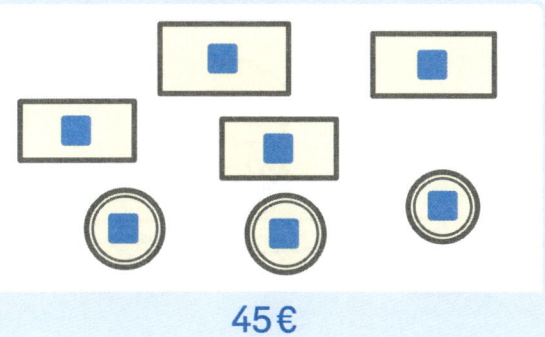
45 €

Seite 57 Aufgabe 2

a) 20 €, 10 €, 5 €,
   5 €, 2 €, 2 €, 1 €

b) ...

b)
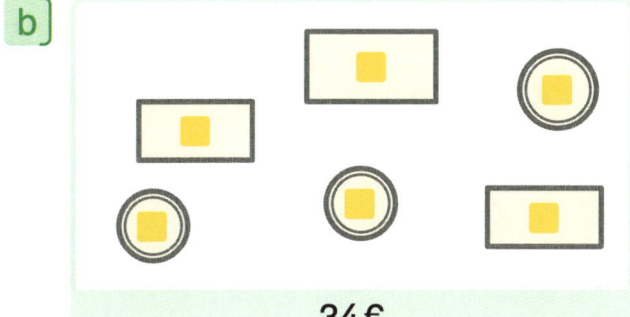
34 €

Du kannst zuerst mit Rechengeld legen.

c)
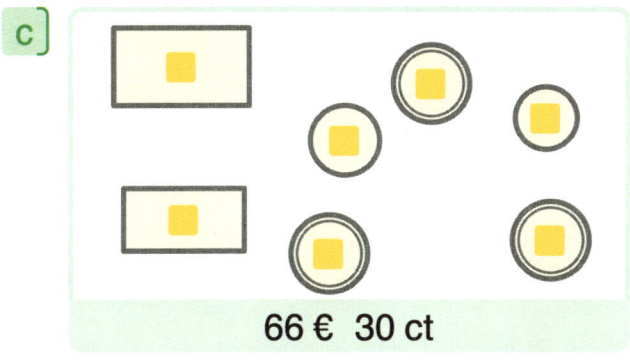
66 € 30 ct

d)
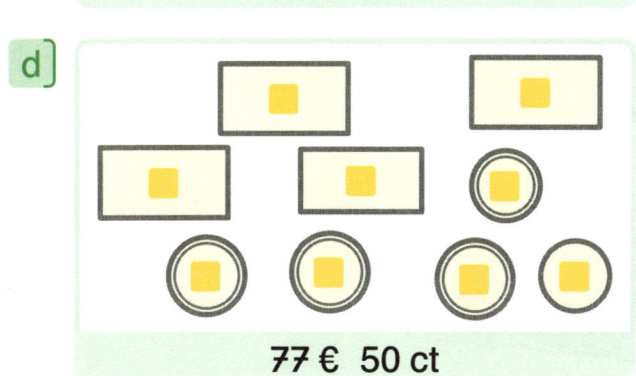
77 € 50 ct

★ Geldbeträge zusammenstellen und zeichnen
★ Geldbeträge nach Vorgabe mit Scheinen und Münzen zusammenstellen

 ÜH 60   AH 61   B

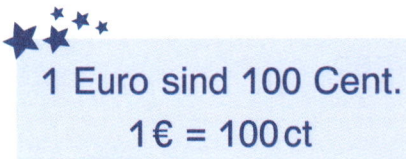

1 Euro sind 100 Cent.
1€ = 100 ct

 1 Suche dir ein anderes Kind.
Stellt mit verschiedenen Münzen den Betrag von einem Euro zusammen.

50 ct + 50 ct = 1€

Fünf 20-Cent-Münzen ergeben einen Euro.

2 Schreibe auf, welche Münzen zusammen einen Euro ergeben.

a)

b)

c)

d)

Seite 58 Aufgabe 2
a)   5 0 ct,   5 0 ct
b)   ...

3 Ermittle den Betrag, der fehlt, damit im Geldbeutel
genau ein Euro ist. Lege und zeichne.

a)

b)

Seite 58 Aufgabe 3
a) (20 ct) (20 ct)
b)   ...

c)

d)

€
B

★ 1 Euro mit Münzen unterschiedlich zusammenstellen
★ bei dargestellten Münzen jeweils den Betrag von einem Euro finden und notieren
★ dargestellte Geldbeträge ermitteln und zu 1 Euro ergänzen

1   Stelle mit Scheinen den Betrag von 100 Euro zusammen.
Schreibe auf, wie viele Scheine du benötigst.
Du kannst zuerst mit Rechengeld legen.

a) mit 50-Euro-Scheinen

b) mit 20-Euro-Scheinen

c) mit 10-Euro-Scheinen

d) mit   5-Euro-Scheinen

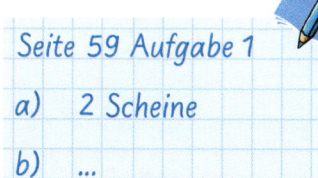

Seite 59 Aufgabe 1

a)   2 Scheine

b)   ...

2   Stelle 100 Euro mit Scheinen zusammen.
Schreibe auf, welche Scheine es sein können.

a) mit vier Scheinen

b) mit zwei Scheinen

c) mit sechs Scheinen

d) mit fünf Scheinen

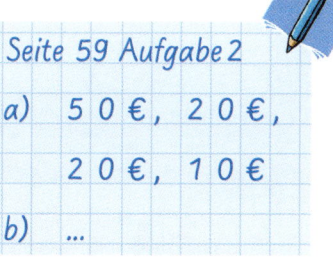

Seite 59 Aufgabe 2

a)   5 0 €,   2 0 €,

     2 0 €,   1 0 €

b)   ...

3   Ermittle den Betrag, der zu 100 Euro fehlt.
Lege, zeichne und rechne.

a)

☐ € + ☐ € = 100 €

b)

☐ € + ☐ € = 100 €

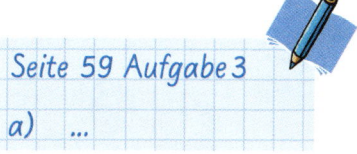

Seite 59 Aufgabe 3

a)   ...

c)

☐ € + ☐ € = 100 €

d)

☐ € + ☐ € = 100 €

★ 100 Euro mit jeweils gleichen Scheinen unterschiedlich zusammenstellen
★ 100 Euro nach Vorgabe mit Scheinen zusammenstellen
★ dargestellte Geldbeträge ermitteln und zeichnerisch sowie rechnerisch zu 100 Euro ergänzen

€
B   59

1 Ermittle den Geldbetrag.
Zeichne den gleichen Betrag mit nur einer Münze.

a)

b)

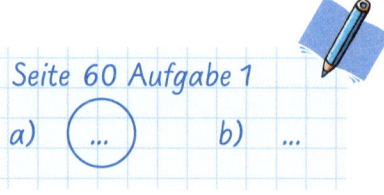
Seite 60 Aufgabe 1
a) (...)   b) ...

c)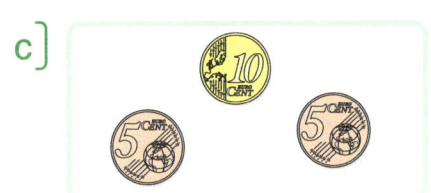

d)

2 Ermittle den Geldbetrag. Lege und zeichne den gleichen
Betrag mit möglichst wenigen Münzen und Scheinen.

a)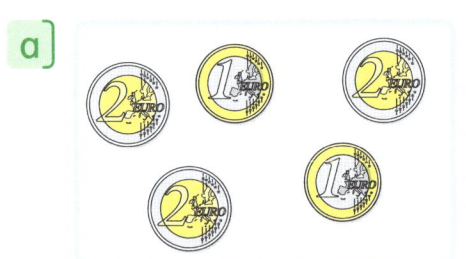

b)

Seite 60 Aufgabe 2
a)   8 €
     [5 €] (2 €) (1 €)
b)   ...

c)

d)

e)

f)

g)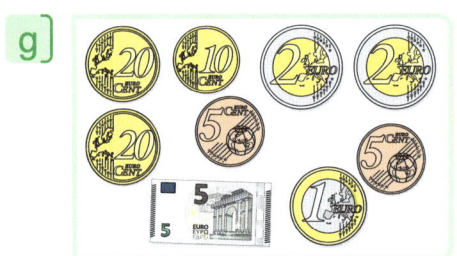

h)

★ vorgegebene Geldbeträge ermitteln und mit möglichst wenigen Münzen und Scheinen
neu zusammenstellen

1 Besorge dir Prospekte.
Schneide verschiedene
Dinge und ihre Preise aus
und gestalte ein Plakat.
Schreibe die Preise dazu.
Du kannst die Preise auf
Euro-Beträge runden.

2 Überlege dir, welche Preise
zu welchen Dingen passen könnten.

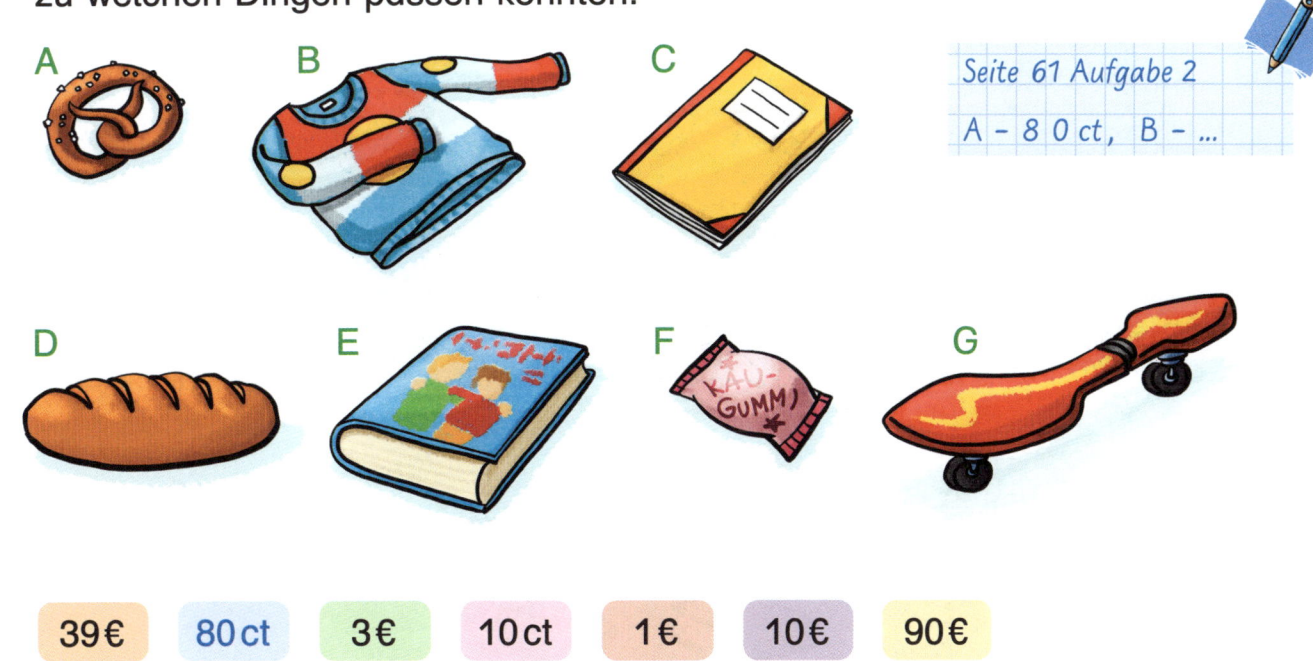

A   B   C

Seite 61 Aufgabe 2
A – 8 0 ct, B – ...

D   E   F   G

| 39 € | 80 ct | 3 € | 10 ct | 1 € | 10 € | 90 € |

3 Schreibe auf, welche einzelnen Dinge du dir
kaufen kannst, wenn du folgende Beträge hast.
Nutze dazu auch dein Plakat.

a) 1 €   b) 5 €   c) 10 €

Seite 61 Aufgabe 3
a) ...

★ **MK:** Plakat mit Prospektausschnitten und Preisen gestalten
★ Preisangaben und Produkte passend zuordnen
★ für verschiedene Geldwerte passende Repräsentanten finden

1 Berechne, wie viel die Kinder bezahlen müssen.

a) Lea kauft:

R: ▨ ● ▨ = ▨
A: Lea muss ▨ bezahlen.

Seite 62 Aufgabe 1
a) R : ...
   A : ...
b) ...

b) Janek kauft:

R: ▨ ● ▨ = ▨
A: Janek muss ▨ bezahlen.

c) Max kauft:

R: ▨ ● ▨ = ▨
A: Max muss ▨ bezahlen.

d) Maja kauft:

R: ▨ ● ▨ = ▨
A: Maja muss ▨ bezahlen.

2 Überlege dir, was du kaufen möchtest.
Berechne, was du bezahlen musst.
Finde zwei verschiedene Aufgaben.

Ich kaufe: ▨
R: ▨ ● ▨ = ▨
A: Ich muss ▨ bezahlen.

Seite 62 Aufgabe 2
...

★ Gesamtpreis in bildlich dargestellten Einkaufssituationen ermitteln, **SF:** Antwortsatz ergänzen ★ selbst Einkaufssituationen darstellen und Gesamtpreise ermitteln

Ich gebe dem Mann an der Kasse 20 €.
Das Buch kostet aber nur 12 €.
Den *Rest* bekomme ich zurück.
Das ist mein *Rückgeld*.

Das Rückgeld kannst du auf zwei
unterschiedliche Arten berechnen:

Als Minusaufgabe	Als Ergänzungsaufgabe
20 € − 12 € = 8 €	12 € + 8 € = 20 €

---

1 Ermittle das Rückgeld.

a) Tim kauft:  Tim gibt:  Rückgeld: ⬜

Seite 63 Aufgabe 1
a) ...

b) Mai-Lin kauft:  Mai-Lin gibt:  Rückgeld: ⬜

---

2 Berechne das Rückgeld. Schreibe deine Rechnung auf.

a) Lena kauft:  Lena gibt:  ⬜ ⚫ ⬜ = ⬜ Rückgeld: ⬜

Seite 63 Aufgabe 2
a) ...

b) Paul kauft:  Paul gibt:  ⬜ ⚫ ⬜ = ⬜ Rückgeld: ⬜

---

3 Berechne den Gesamtpreis und das Rückgeld.
Schreibe beide Rechnungen auf.

a) Meral kauft:  Meral gibt:  ⬜ ⚫ ⬜ = ⬜ ⬜ ⚫ ⬜ = ⬜ Rückgeld: ⬜

Seite 63 Aufgabe 3
a) ...

b) Patrick kauft:  Patrick gibt:   ⬜ ⚫ ⬜ = ⬜ ⬜ ⚫ ⬜ = ⬜ Rückgeld: ⬜

★ Rückgeld zu dargestellten Einkaufssituationen berechnen
★ Rückgeldberechnung als Minusaufgabe oder additive Ergänzungsaufgabe notieren

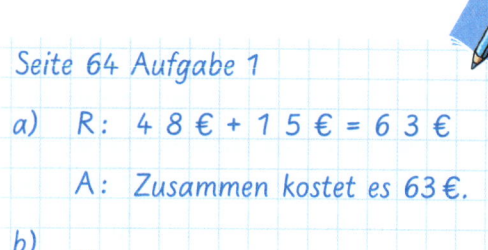

1 Schreibe zu jeder Rechengeschichte die Rechnung und die Antwort auf.

a) Lisa möchte die Autorennbahn und den Teddy kaufen. Wie viel kostet das zusammen?

Seite 64 Aufgabe 1

a) R: 4 8 € + 1 5 € = 6 3 €

    A: Zusammen kostet es 63 €.

b) ...

b) Max kauft den Bagger. Er bezahlt mit einem 50-Euro-Schein. Wie viel bekommt er zurück?

c) Tim möchte die Ritterburg kaufen. Er hat schon 45 Euro gespart. Wie viel muss er noch sparen?

d) Mai-Lin hat 40 Euro. Was kann sie dafür kaufen?

2 Schreibe eine eigene Rechengeschichte. Prüfe, ob sie lösbar ist. Suche dir ein anderes Kind, das sie löst. Kontrolliert gemeinsam.

Seite 64 Aufgabe 2

...

 AH 62    ÜH 62    D 76

★ bei Einkaufsgeschichten die zur Frage passende Rechnung und Antwort finden
★ SF: eigene Rechengeschichte schreiben, auf Plausibilität prüfen und lösen lassen

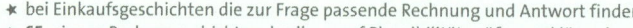 

1 Finde eine passende Rechnung und den Antwortsatz.

a] Tim möchte sich ein Auto und einen Lastwagen kaufen.

9 Euro   15 Euro

Wie viel kostet das zusammen?

Prüfe, ob deine Lösungen passen.

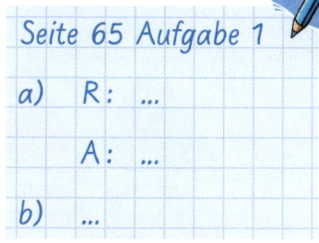

Seite 65 Aufgabe 1

a)   R: ...
      A: ...

b)   ...

b] Janek hat 45 Euro gespart. Er kauft sich einen Tischtennis-schläger.

15 Euro

Wie viel Geld hat er noch?

c] Der Vater kauft für Meral einen Füller. Er bezahlt mit einem 50-Euro-Schein.

18 Euro

Wie viel Geld bekommt er zurück?

2 Finde zwei passende Rechnungen und zwei Antwortsätze.

a] Maja möchte drei Fische für ihr Aquarium kaufen. Jeder Fisch kostet 5 Euro. Sie hat 30 Euro dabei.

je 5 Euro

Wie viel kosten Majas Fische?
Wie viel hat sie noch übrig?

Seite 65 Aufgabe 2

a)   R: ...
      A: ...
      R: ...
      A: ...

b)   ...

b] Paul spart für Inline-Skates. Er hat schon 30 Euro gespart. Seine Oma schenkt ihm noch 20 Euro.

79 Euro

Wie viel Geld hat er jetzt?
Wie viel muss er noch sparen?

c] Anne kauft sich eine neue Uhr. Sie bezahlt mit einem 50-Euro-Schein.

25 Euro   32 Euro

Wie viel Geld bekommt sie zurück? Kann sie sich auch noch den Ring kaufen?

★ bei Einkaufsgeschichten die jeweils zur Frage passende Rechnung und Antwort finden
★ SF: Rechnungen und Antwortsätze in Bezug auf Einkaufsgeschichten und Fragen auf Plausibilität prüfen

65

1 Aus den Bauklötzen kannst du verschiedene Häuser zusammensetzen.

a) Zeichne alle Möglichkeiten auf.

b) Übertrage die Tabelle in dein Heft und trage alle Möglichkeiten ein.

c) Bestimme die Anzahl der Möglichkeiten. Finde eine passende Rechnung.

Es gibt ▨ Möglichkeiten.

R: ▨ ● ▨ = ▨

d) Das Dach soll immer eine andere Farbe als der Würfel haben. Bestimme die Anzahl der Möglichkeiten. Die Tabelle hilft dir.

Es gibt ▨ Möglichkeiten.

Seite 66 Aufgabe 1

a) ...

b) ...

c) ...

2 Bestimme, welche Häuser du aus diesen Bauklötzen zusammensetzen kannst.

a) Zeichne alle Möglichkeiten oder schreibe in einer Tabelle alle Möglichkeiten auf.

b) Bestimme die Anzahl der Möglichkeiten. Du kannst auch rechnen.

Seite 66 Aufgabe 2

a) ...

  AH 63 ÜH 63

★ aus drei unterschiedlich farbigen Bauklötzen verschiedene Häuser zusammenstellen
★ alle Möglichkeiten finden, zeichnen und in einer Tabelle notieren, Anzahl der Möglichkeiten berechnen ★ Vorgehensweisen auf eine veränderte Ausgangssituation übertragen

1 Suche dir drei andere Kinder. Begrüßt euch gegenseitig mit Abklatschen. Bestimmt, wie oft ihr abklatschen müsst, bis sich alle begrüßt haben.

2 Kinder – 1 Mal abklatschen

2 Die vier Kinder Tim, Lea, Maja und Paul haben sich gegenseitig begrüßt. Tim hat eine Skizze gemacht. Lea hat eine Tabelle angelegt.

Lea und Paul haben sich schon begrüßt.

Keiner begrüßt sich selbst.

	Tim	Lea	Maja	Paul
Tim		✕	✕	✕
Lea			✕	✕
Maja				✕
Paul				

a) Betrachte mit einem Partner Tims Skizze und Leas Tabelle. Besprecht, was euch auffällt.

b) Übertrage Tims Skizze oder Leas Tabelle in dein Heft.

c) Bestimme die Anzahl der Begrüßungen und schreibe sie auf. Finde eine passende Rechnung.

Seite 67 Aufgabe 2
b) ...
c) Es gibt ...
     R: ...

3 Die fünf Kinder Max, Janek, Anne, Lena und Tobi begrüßen sich.

a) Zeichne oder schreibe in einer Tabelle alle Begrüßungen auf.

Seite 67 Aufgabe 3
a) ...

b) Bestimme die Anzahl der Begrüßungen. Du kannst auch rechnen.

★ mit drei anderen Kindern sich gegenseitig per Handschlag begrüßen ★ alle Kombinationen finden, in einem Pfeilbild darstellen und in einer Tabelle notieren, rechnerische Lösung ableiten ★ Vorgehensweisen auf eine veränderte Ausgangssituation übertragen

Es ist **sicher**, dass ich ein Zauberer bin.
Es ist **möglich, aber nicht sicher**, dass ich richtige Ergebnisse zaubern kann.
Es ist **unmöglich**, dass ich fliegen kann.

| sicher | möglich | unmöglich |

---

1 Bestimme, ob die Aussage sicher oder unmöglich ist.

a) Alle Dreiecke haben drei Ecken.

b) Silvester ist am 31. Dezember.

c) Mein Vater ist jünger als ich.

d) 1 Meter sind 100 Zentimeter.

e) Weihnachten ist im August.

f) Nach Sonntag kommt Montag.

Seite 68 Aufgabe 1

a) sicher   b) …

2 Bestimme, ob die Aussage sicher, möglich oder unmöglich ist.

a) Wenn ich dreimal würfle, bekomme ich eine Sechs.

b) Alle Rechtecke haben 4 Seiten.

c) Auf dem Schulweg sieht Lisa ein rotes Auto.

d) Jeder Tag hat 24 Stunden.

e) Morgen scheint die Sonne.

f) Tim springt beim Weitsprung 10 m weit.

Seite 68 Aufgabe 2

a) möglich   b) …

3 Finde selbst eine Aussage, die …

a)   … sicher ist.

b)   … möglich ist.

c)   … unmöglich ist.

Seite 68 Aufgabe 3

a) …

✶ MK: Aussagen zu Alltagsgegebenheiten mit „sicher" „möglich" und „unmöglich" bewerten
✶ SF: zu den Grundbegriffen der Wahrscheinlichkeit „sicher", „möglich" und „unmöglich" passende Aussagen finden

Meral nimmt vier Gummibärchen vom Teller.

1 Meral nimmt mit verbundenen Augen
vier Gummibärchen vom Teller.
Entscheide, ob die Aussage sicher,
möglich oder unmöglich ist.

a) Drei Gummibärchen sind rot und eins ist gelb.

b) Alle vier Gummibärchen sind gelb.

c) Alle vier Gummibärchen sind rot.

d) Zwei Gummibärchen sind rot und zwei sind gelb.

e) Drei Gummibärchen sind gelb und eins ist rot.

f) Mindestens ein Gummibärchen ist gelb.

> Seite 69 Aufgabe 1
> a) möglich   b) …

2 Wie viele Gummibärchen muss Meral
mindestens vom Teller nehmen, …

a) … damit sie sicher ein gelbes bekommt?

b) … damit sie sicher ein rotes bekommt?

> Seite 69 Aufgabe 2
> a) …

3 Jetzt nimmt Meral vier Gummibärchen von diesem Teller.
Finde selbst eine Aussage, die …

a) … sicher ist.

b) … möglich ist.

c) … unmöglich ist.

> Seite 69 Aufgabe 3
> a) …

★ die Wahrscheinlichkeit von Handlungsergebnissen bewerten
★ Ausgangssituation entsprechend dem vorhergesagten Handlungsergebnis anpassen
★ SF: zum vorhergesagten Handlungsergebnis treffende Aussagen formulieren

1 Janek nimmt mit verbundenen Augen ein Gummibärchen von einem Teller. Gib den Buchstaben des Tellers an, von dem Janek das Gummibärchen nehmen muss, damit die Aussage stimmt.

A   B   C

a] Es ist wahrscheinlich, dass er ein gelbes Gummibärchen erhält.

Seite 70 Aufgabe 1
a)   Teller A   b)   ...

b] Es ist unwahrscheinlich, dass er ein gelbes Gummibärchen erhält.

c] Es ist wahrscheinlich, dass er ein rotes Gummibärchen erhält.

d] Es ist unwahrscheinlich, dass er ein rotes Gummibärchen erhält.

2 Bestimme, von welchem Teller die Kinder ein Gummibärchen nehmen müssen, um ihr Wunsch-Gummibärchen zu bekommen.

  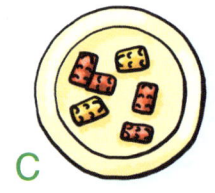

A   B   C

a] Tim: „Ich mag nur rote Gummibärchen."

Seite 70 Aufgabe 2
a)   Teller B   b)   ...

b] Janek: „Ich mag gelbe und grüne Gummibärchen."

c] Lena: „Ich mag keine gelben Gummibärchen."

d] Meral: „Ich mag rote und gelbe Gummibärchen am liebsten."

3 Stelle für Tim jeweils einen Teller mit vier Gummibärchen zusammen, damit die Aussage stimmt.

a] Es ist sicher, dass er ein rotes erhält.

Seite 70 Aufgabe 3
a) ◯ *b)   ...*
...

b] Es ist wahrscheinlich, dass er ein gelbes erhält.

c] Es ist unmöglich, dass er ein rotes erhält.

AH 64  D 79

★ zu vorhergesagten Handlungsergebnissen jeweils eine passende Ausgangssituation zuordnen ★ zu vorhergesagten Handlungsergebnissen jeweils eine passende Ausgangssituation erstellen

Themenheft 4

⭐ Addition und Subtraktion ⭐ Längen ⭐ Sachaufgaben Teil 4 ⭐ Geld
⭐ Kombinatorik und Wahrscheinlichkeit

Erarbeitet von:	Roland Bauer und Jutta Maurach
Redaktion:	Sophie Arndt, Agnetha Heidtmann, Friederike Thomas
Illustration:	Yo Rühmer
Grafiken (Scheine und Münzen):	Christine Wächter
Umschlaggestaltung:	Cornelia Gründer, agentur corngreen, Leipzig
Layout und technische Umsetzung:	lernsatz.de

Bildquellen: **Euro-Scheine:** Cornelsen/Christine Wächter/Deutsche Bundesbank. **Euro- und Cent-Münzen-Wertseite:** Cornelsen/Christine Wächter/Deutsche Bundesbank/ Luc Luycx aus Belgien. **Nationale 1- und 2-Euro-Seite:** Cornelsen/Christine Wächter/Deutsche Bundesbank/Heinz Hoyer und Sneschana Russewa-Hoyer. **Nationale 10-, 20-, 50-Cent-Seite:** Cornelsen/Christine Wächter/Deutsche Bundesbank/Reinhart Heinsdorff. **Nationale 1-, 2-, 5-Cent-Seite:** Cornelsen/ Christine Wächter/Deutsche Bundesbank/Prof. Rolf Lederbogen.

www.cornelsen.de

1. Auflage, 2. Druck 2022

Alle Drucke dieser Auflage sind inhaltlich unverändert
und können im Unterricht nebeneinander verwendet werden.

© 2021 Cornelsen Verlag GmbH, Berlin

Druck: Parzeller print & media GmbH & Co. KG, Fulda

ISBN 978-3-06-084777-8

PEFC zertifiziert
Dieses Produkt stammt aus nachhaltig bewirtschafteten Wäldern und kontrollierten Quellen.
www.pefc.de
PEFC/04-31-1308

Vorschläge für Plenumsphasen zum vertiefenden Erwerb prozessbezogener Kompetenzen

S. 6/10/ 16/20 — Kinder beschreiben an Beispielen ihre Rechenschritte, vergleichen und bewerten unterschiedliche Vorgehensweisen; mithilfe der Sprachvorbilder benennen sie Kriterien guter Beschreibungen (S. 10 →BigBook: Seite 32; S. 20 →BigBook: Seite 34)

S. 11/21 — Kinder stellen an ausgewählten Beispielaufgaben die Rechenschritte beim vorteilhaften Rechnen mit 9 Einern vor und begründen diese; sie finden weitere Aufgaben, bei denen der Rechenvorteil genutzt werden kann

S. 13/23 — Kinder stellen Fehlerquellen und Vermeidungsstrategien vor

S. 24 — Kinder erkennen, dass Angaben zur Breite und zur Höhe von Gegenständen auch Längenangaben sind; sie tauschen sich über unterschiedliche Möglichkeiten des indirekten Vergleichs aus oder stellen erprobte Vorgehensweisen vor

S. 25 — Kinder stellen Ergebnisse von Längenbestimmungen mit Körpermaßen vor, vergleichen diese und leiten daraus die Einsicht für die Notwendigkeit genormter Maßeinheiten ab

S. 32 — Kinder stellen die gefundenen Repräsentanten vor und beschreiben deren Nutzen beim Schätzen von Längen

S. 39 — Kinder stellen die Vorgehensweise beim Runden von Zahlen und beim Erstellen der Überschlagsrechnung vor; sie erkennen und beschreiben Möglichkeiten und Grenzen beim Kontrollieren mit der Überschlagsrechnung

S. 43 — Kinder stellen an Beispielen Möglichkeiten zum Vereinfachen von Aufgaben durch Zusammenfassen vor

S. 45 — Kinder identifizieren in beispielhaft ausgewählten Plus- und Minusaufgaben gerade und ungerade Zahlen; sie beschreiben und begründen Zusammenhänge in Bezug auf das Ergebnis

S. 47 — Kinder erklären die mathematischen Beziehungen in magischen Quadraten und erklären ihren Lösungsweg

S. 49 — Kinder stellen ihre Plakate mit den Signalwörtern für Plus- und Minusaufgaben vor

S. 49/50/ 62/64 — Kinder stellen ihre selbst erstellten Rechengeschichten vor (S. 49/50 →BigBook: Seite 36; S. 64 →BigBook: Seite 38)

S. 61 — um Vergleichsgrößen zu Geldwerten aufzubauen, nutzen die Kinder bei der Plakatgestaltung Euro- oder auf Zehnerzahlen gerundete Cent-Beträge; sie stellen für vorgegebene Beträge verschiedene Repräsentanten vor

S. 63 — Kinder stellen ihren gewählten Rechenweg bei der Ermittlung des Rückgelds vor; sie vergleichen und bewerten beide Vorgehensmöglichkeiten

S. 66 — Kinder stellen ihr Vorgehen beim Finden aller Möglichkeiten vor; sie vergleichen und bewerten diese ebenso wie die unterschiedlichen Notationsformen

S. 68 — Kinder beschreiben die Grundbegriffe der Wahrscheinlichkeit „sicher", „möglich" und „unmöglich" anhand von Beispielen mit eigenen Worten und grenzen sie gegeneinander ab

S. 70 — Kinder beschreiben anhand durchgeführter Zufallsexperimenten die Begriffe „wahrscheinlich", „unwahrscheinlich", „unmöglich" und „sicher" mit eigenen Worten; sie erstellen aufgabenbezogen Ausgangssituationen zu antizipierten Handlungsergebnissen

Vorschläge für die Förderung von Medienkompetenz

S. 30 — Kinder recherchieren im Internet Längenmaßeinheiten anderer Länder (z. B. Großbritannien und USA)

S. 32 — Kinder gestalten ein Plakat zu verschiedenen Längenangaben (z. B. 1 cm, 10 cm, 50 cm, 1 m, 2 m), sie stellen je Repräsentanten zusammen

S. 40 — Kinder erstellen erste einfache Rechentabellen am PC und füllen sie aus

S. 49/50/ 62/64 — Kinder erstellen eine (digitale) Sammlung/ein Buch mit den von den Kindern selbst verfassten Rechengeschichten

S. 50 — Kinder erstellen eine Merktafel mit Signalwörtern für die Rechenoperationen plus und minus, mal und geteilt

Synopse zu den Medienkompetenzbereichen

Suchen, Verarbeiten und Aufbewahren	S. 30, 49, 50, 53, 62, 64, 68
Produzieren und Präsentieren	S. 30, 32, 49, 50, 61, 62, 64
Problemlösen und Handeln	S. 8, 13, 18, 23, 26, 30, 40, 41